多场景安全博弈中的均衡解研究

陈　玲　著

中国原子能出版社

图书在版编目（CIP）数据

多场景安全博弈中的均衡解研究 / 陈玲著. -- 北京 ：
中国原子能出版社，2024. 11. -- ISBN 978-7-5221
-3874-9

Ⅰ. F224.12

中国国家版本馆 CIP 数据核字第 2024UQ3940 号

多场景安全博弈中的均衡解研究

出版发行	中国原子能出版社（北京市海淀区阜成路 43 号　100048）
责任编辑	陈　喆
责任印制	赵　明
印　　刷	北京天恒嘉业印刷有限公司
经　　销	全国新华书店
开　　本	787 mm×1092 mm　1/16
印　　张	10
字　　数	141 千字
版　　次	2024 年 11 月第 1 版　2024 年 11 月第 1 次印刷
书　　号	ISBN 978-7-5221-3874-9　　定　价　60.00 元

发行电话：010-88828678　　　　　　　　版权所有　侵权必究

作者简介

陈玲，女，汉族，1993年8月出生，山西临汾人。毕业于大连理工大学数学科学学院，博士研究生，主要研究方向为安全博弈论、决策与优化。现就职于太原师范学院，讲师，硕士生导师。主持山西省科技厅青年基金项目 1 项，在 *International Transactions in Operational Research*、*Journal of Control and Decision*、*Journal of Ambient Intelligence and Humanized Computing* 等期刊发表论文 4 篇。

前　言

近年来，安全博弈模型已经广泛应用于城市基础设施、野生动植物保护、网络安全等领域。相关部门的最优决策可通过求解博弈模型的均衡解得到。然而，复杂的现实生活场景往往需要建立不同形式的安全博弈模型，从而求得不同形式的均衡解。为研究不同场景安全博弈中的均衡解，使其解决更多现实场景中的安保部门资源分配问题，本书作了以下研究。

1. 研究了单防御者 vs 单攻击者安全博弈场景中的强斯塔克尔伯格均衡解 SSE（Strong Stackelberg Equilibrium）。具体以通信系统应对主动时变攻击的场景进行分析。首先，本研究建立了通信系统与主动时变攻击者之间的攻防安全博弈模型，基于博弈双方的得失，提出了求解防御者最佳人工噪声添加策略的非线性规划模型。其次，本书设计算法将 1 个 M-维问题转化为 M 个 1-维问题得到了 SSE。最后，本书将 SSE 中防御者的人工噪声添加策略与两种应对非战略性攻击行为的防御策略进行了比较，结果表明安全博弈模型给出的防御者策略在降低系统损失方面有显著效果。

2. 研究了单防御者 vs 多攻击者重复安全博弈场景中的帕累托均衡解。考虑到防御者对多类型攻击者行为模型的不完全了解，本书采取最差情况分析法，在完全对抗性攻击行为下，优化防御者的期望收益。首先，本书将防御者在不确定性条件下的收益最大化问题转化为后悔值最小化问题。由于一个防御者策略要使应对所有类型攻击者的行为不确定性产生的后悔值同时达到最优是非常困难的，故建立了多目标重复安全博弈模型，求解防御者的帕累托均衡解。其次，为在防御者策略产生的同时保证向量集合中求解出最优帕累托前沿，本书提出了线性规划上的 Q-值迭代近似算法。最后，本书理论分析得到了近似算法的误差界，并通过实验分析得到了理想的近似结果。

3. 研究了多防御者 vs 单攻击者安全博弈场景中的逻辑斯塔克尔伯格多防御者均衡解 LSMDE（Logit Stackelberg Multi-Defender Equilibrium）。首先，本书基于攻击者最佳响应集合中的目标吸引力值，定义了攻击者的逻辑打破平局规则，在此基础上提出了该场景中的逻辑斯塔克尔伯格多防御者均衡解 LSMDE（Logit Stackelberg Multi-Defender Equilibrium）。通过将原博弈拆分为若干个子博弈，LSMDE 可通过求解若干个带有均衡约束均衡子问题的解集合而得到。与平均打破平局规则下的防御者收益进行比较，结果表明，逻辑打破平局规则可更准确地描述攻击者的行为，从而带给防御者更大的收益。其次，本书将攻击者视为博弈外部因素，考虑了 LSMDE 的等价均衡解形式，即多防御者之间的纳什均衡解。理论分析说明 LSMDE 不一定存在，故多防御者之间的纳什均衡解也不能保证存在。最后，本书给出了求解近似纳什均衡解的改进排除算法，并与迭代最佳响应 IBR（Iterated Best Response）算法进行了比较，实验结果表明本研究给出的算法不仅可以求解更多博弈实例中的均衡解且求解速度要快于 IBR 算法。

4. 研究了广义多防御者 vs 单攻击者安全博弈场景中的完美贝叶斯均衡解 PBE（Perfect Bayesian Equilibrium）。在防御者同时持有真实资源与虚假资源的场景中，由于信息不对称性，攻击者无法完全辨别资源真假。故持有虚假资源的弱实力防御者可以虚张声势假装为一个资源全部真实的强实力类型。首先，本书基于信号博弈模型建立了虚张声势安全博弈模型，其中防御者可发出不同于自身真实类型的信号混淆攻击者的判断，攻击者在接收到错误信号后选择攻击策略。其次，为求解 PBE，本研究建立了混合整数三次规划模型，并通过变量代换将其降维为混合整数二次规划模型。最后，本书理论分析了防御者"虚张声势"行为可带来积极作用的原因，并通过仿真实验与传统安全博弈模型进行了比较，结果验证了本研究模型在提高防御者收益方面的有效性能。

　　本书选题新颖独到、结构科学合理、数据丰富翔实，不仅丰富了安全博弈的研究内容，也为强斯塔克尔伯格均衡解、帕累托均衡解、逻辑斯塔克尔伯格多防御者均衡解、完美贝叶斯均衡解等相关领域的研究工作提供了重要的理论价值与实践参考，可作为从事安全博弈论、决策与优化研究的科研学者和工作人员的参考用书。

　　作者在本书的写作过程中，参考引用了许多国内外学者的相关研究成果，也得到了许多专家和同行的帮助和支持，在此表示诚挚的感谢。由于作者的专业领域和实验环境所限，加之作者的研究水平有限，本书难以做到全面系统，疏漏和错误实所难免，敬请读者批评赐教。

本书主要符号表

符号	代表意义
a	攻击者
d	防御者
$T = \{t_1, \cdots, t_{|T|}\}$	目标集合
m	防御者的资源数目
R_t^d	目标 t 在被保护且被攻击的状态下，防御者获得的奖励
P_t^d	目标 t 在没被保护且被攻击的状态下，防御者获得的惩罚
R_t^a	目标 t 在没被保护且被攻击的状态下，攻击者获得的奖励
P_t^a	目标 t 在被保护且被攻击的状态下，攻击者获得的惩罚
i	防御者的纯策略
x	防御者的混合策略
c	防御者的覆盖概率向量
q	攻击者的混合策略
Δ_c	防御者可行的覆盖概率向量集合
U_d	防御者的期望收益
U_a	攻击者的期望收益
Γ	攻击者的最佳响应策略集合
Θ	防御者类型集合
Ω	攻击者类型集合

目　录

第1章 绪 论

1.1 研究背景与意义

安全问题是世界各国关注的主要问题。近年来，随着全球经济的高速增长及科技的突飞猛进，社会各阶层之间的利益冲突促使国际恐怖主义行为日益猖獗。由于恐怖袭击造成的人员伤亡以及经济损失异常惨重，因此，有效打击恐怖主义行为成为当今世界各国最为关心的安全问题。以"9·11"恐怖袭击事件、挪威于特岛惨案为代表的事件呈现出恐怖袭击的三个主要特点：① 发生的空间和时间范围较以前都有所扩大。从空间来看，广场、地铁站、火车站、集市和其他一些人流量大或重要的地方易成为袭击的目标；从时间来看，一些固定时间的节假日和其他一些因临时原因造成人流集中的特殊时期都成为恐怖分子倾向选择的时间。② 突发性和难以预测性。③ 恐怖分子的高度战略性，即恐怖袭击通常是在恐怖分子对安保部门的安保措施进行侦察分析后，经过周密的袭击计划后发生的。

为了有效地遏制恐怖袭击事件的发生，安保部门需要在可能成为恐怖分子目标的地点放置安保资源以阻止恐怖事件的发生，进而保护人民生命财产安全。然而安保部门持有的有限安全资源难以同时覆盖所有的目标点。与此同时，安保部门的对手具有高度决策性，他们在实施攻击行为之前会仔细观察分析安保部门的保护策略，进而选择最佳攻击策略。因此，安保部门在进行调度决策时需要尽可能真实地预判对手的行为，并依据对手可能的反应做出最佳决策。这些问题，为安保部门如何调度有限安保资源来尽可能地保障社会安全提出了巨大挑战。考虑到固定模式下的保护策略容易被攻击者"摸清"，故直观解决该问题的方式是允许安保部门选择随机资源调度策略，即在不同的时间段可选择不同的资源部署策略。然而，安保部门在进行有效的随机安全策略调度时面临许多困难。一方面，有限资源约束下可行调度策略集合的规模在目标数目较多时是非常庞大的；另一方面，随机调度策略使得安保部门的离散型策略变为连续型，要从无限个随机策略中寻找出最佳策略是非常困难的。

"博弈论是研究决策主体的行为直接发生作用时的决策及其均衡问题"[1-4]。决策主体在作选择时受到了其他人的影响，且反过来能够影响到其他人的决策选择。博弈理论由 1944 年出版的《博弈论与经济行为》的作者 von Neumann 和 Morgenstern[5]正式提出，历经几十年的发展，已经形成较为成熟的理论体系。将博弈论的理论思想映射到安全领域中，警察等安保部门正是在与犯罪分子等攻击者的相互交涉中作决策。安保部门根据自身情况作决策时，还需要考虑到犯罪分子的行为，这是因为犯罪分子的犯罪特点、行为模式等将直接影响安保决策。同样地，安保部门的决策也会影响犯罪分子的作案时间、作案地点等。安保部门与犯罪分子之间的这种策略交互过程正好可以通过博弈论来刻画，这也是安全博弈论发展的由来。

安全博弈论主要研究博弈论在安全领域的应用，旨在通过博弈论这个数学工具，为安保部门设计出应对犯罪分子的最优策略。安全博弈模型于 2006 年由 Conitzer 和 Sand-holm[6]提出，其基本模型为斯塔克尔伯格博弈模型，是一种典型的完全信息动态博弈模型。博弈论在安全领域应用的优势在于：① 能够充分刻画安保部门和犯罪分子之间的策略交互，即决策双方根据获得的信息进行独立的决策，同时考虑到对手会如何行动和反应，并非假设另一方是被动的。② 可以刻画安保部门有时为应对犯罪分子做出的"威胁"或"承诺"行为。③ 在安保部门对犯罪分子行为不完全了解的情况下，不完全信息博弈论可以很好地解决这一问题。

安全博弈论描述的是防御者与攻击者之间的交互行为，其中安保部门扮演防御者的角色，犯罪分子等扮演攻击者的角色，安保部门面临的主要问题是拥有的资源数目远远少于需要保护的目标数目。因此，如何利用有限的资源设计最佳的保护策略是安保部门急需解决的问题[7-9]。安全博弈的基础模型为斯塔克尔伯格博弈模型，防御者为先行动者，攻击者在观察到防御者的行动之后再选择攻击行为，且博弈双方都是完全理性的，即只选择最佳响应策略。当攻击者的最佳响应策略不止一个时，攻击者会选择对防御者收益较好的策略，这就构成了强斯塔克尔伯格均衡解，同时得到防御者的最佳防护策略。安全博弈模型的基本构成要素见表 1.1[10]。

表 1.1 安全博弈的基本要素

博弈要素	描述
参与人	攻击者与防御者
行动空间	攻击者的攻击行为、防御者的保护措施
博弈结果	每个动作（反应或博弈分支）给参与人带来的成本和收益
信息结构	参与人完全观察或者部分观察到对方的行为

当现实生活场景抽象为单个防御者与单个攻击者之间的博弈时，基础安全博弈模型中的强斯塔克尔伯格均衡解可以很好地解决安保部门的资源配置问题。而现实情况往往更加复杂。例如，有些场景需要抽象为单个防御者与多个攻击者之间的博弈，其中不同攻击者之间由于理性程度、行为偏好等差异较大，往往不能统一为一个个体；而有些场景需要抽象为多个防御者与单个攻击者之间的博弈，其中多种类型的防御者同时保护相同的目标，但行为相互独立，也不能统一为一个个体进行考虑。因此，研究不同场景安全博弈模型中的均衡解，从而为防御者设计合理且高效的策略是本研究考虑的主要问题。

1.2 国内外相关研究进展

安全博弈论的研究以南加利福尼亚大学 Milind Tambe 教授领导的 TEAMCORE 小组及杜克大学 Vicent Conitzer 教授领导的研究小组为代表，历经十多年的发展目前已形成较为成熟的理论体系。安全博弈模型目前已经广泛应用于生活各个领域，例如基础设施保护、野生动植物保护、资源保护以及网络安全防护[11-13]。本书将从单防御者 vs 单攻击者、单防御者 vs 多攻击者、多防御者 vs 单攻击者三个方面来介绍目前的研究进展。

1.2.1 单防御者 vs 单攻击者安全博弈模型的相关研究

生活中的许多场景，可以将偏好、行为、支付等各方面因素相同的攻击者或防御者统一为一个个体进行考虑。目前，关于单防御者 vs 单攻击者安全博弈场景的研究主要从两方面进行：应用研究和算法改进。

关于单防御者 vs 单攻击者安全博弈的应用研究，目前有如下进展。

1.2.1.1 绿色安全博弈

为了防止偷猎行为并减少物种的数量，各国设立了保护区和保护机构，以保护濒危野生动物。由于保护区规模较大而执法资源普遍匮乏，保护机构在抓捕偷猎者方面处于明显的劣势。巡逻是保护机构保护野生动物的主要方式。然而，由于巡逻人员人数有限，保护机构必须准确地规划巡逻路线，以应对诸多可变因素。绿色安全博弈便由此发展而来，其目的是为巡逻者提供高效的巡逻保护策略。

绿色安全博弈保护模型具有如下特点：

（1）应用领域包括森林防护、野生动物保护等。需要保护的目标通常分布在较为广阔的地理空间中。

（2）博弈为多轮博弈，这是因为攻击者通常重复实施相同的攻击行为，例如偷猎者的重复偷猎行为。

（3）博弈模型中的攻击者通常是不完全理性的。重复博弈中的攻击者，不会像单轮博弈中的攻击者一样能够在博弈的每一阶段都实施缜密的观察与计划，因此，攻击者在每一阶段采取的策略不一定是最佳响应策略。模型中的防御者需要在多轮博弈中更新策略，实现这一目标的主要方法为机器学习。目前，不完全理性的攻击者通常建模为 QR（Quantal Response）[14-19]模型与 SUQR（Subjective Utility Quantal Response）[20-21]模型。SUQR 模型是在 QR 模型上添加了人类行为的主观效用而得到。

Yang 等人[22]提出了野生动物保护中应对非法捕猎行为的安全博弈模型，并设计出 PAWS（Protection Assistant for Wildlife Security）算法旨在为保护机构提供高效的巡逻路线。在 PAWS-Learn 阶段，防御者根据收集的数据学习出攻击者行为模型的主要参数。在 PAWS-Adapt 阶段，依据学习到的攻击者行为模型设计出防御者的保护方案。PAWS 已经应用在乌干达伊丽莎白国家公园的野生动物保护中，并取得了显著的效果。

Nguyen 等人[23]分析了 PAWS 算法，认为该算法的缺点在于：PAWS 将攻击者建模为 SUQR，而 SUQR 模型假设巡逻人员能全部观察到偷猎者的痕迹，且偷猎者在不同时间段之间的活动相互独立，对未来不产生影响。此外，SUQR 仅仅能表述部分区域特征。这些假设使得 SUQR 模型在描述偷猎行为时效果不佳。故 Nguyen 提出了 CAPTURE（Comprehensive Anti-Poaching tool with Temporal and observation Uncertainty Reasoning）模型以改进 PAWS 的缺点。CAPTURE 通过逻辑行为模型描述攻击者的攻击行为，并通过参数分离与目标抽象的启发式算法降低了算法求解的时间消耗。目前，CAPTURE 模型已经被用于乌干达地区的野生动物保护中。Haskell 等人[24]将安全博弈模型应用在对抗非法捕鱼的犯罪行为中。文章提出 COPASS（Conservation Online Patrol ASSistant）系统旨在为美国海岸线巡逻警察设计最佳的巡逻路线用以抓捕非法捕鱼者。

Yang 与 Haskell 提出的模型存在的主要问题为：攻击者的不完全理性行为通过 SUQR 模型表述，SUQR 模型的参数通过最大似然估计方法得到，而该方法得到的结果与实际结果存在较大的偏差。此外模型假设攻击者能够完全得知防御者的策略，该假设在野生动物保护领域过于理想化。为解决这些问题，Fang 等人[25]提出了绿色安全博弈（Green Security Games），其中攻击者对防御者策略的理解不是实时的，而是近似表达为某个时间段内防御者策略的凸组合。防御者可以提前布置策略，并通过贝叶斯更新法则学习攻击行为参数。结果表明，绿色安全博弈模型的效果要优于 Yang 与 Haskell 提出的模型。Wang 等人[26]考虑了重复博弈中基于合作行为的攻击者不完全理性行为。文章建立了非线性非凸的优化模型，并设计近似算法进行求解。

1.2.1.2　城市安全博弈

Tsai 等人[27-28]将单防御者 vs 单攻击者的斯塔克尔伯格安全博弈模型应用在城市街道的安全保护中，其中安保部门需要将有限资源分配给位于城市街道网络中的重要建筑物中。防御者的策略空间随着资源数目的增加呈指数型变化，而攻击者的策略空间随着城市网络的扩大呈指数型增长。文章通过近似博弈参与人的策略空间得到了多项式时间可求解的博弈模型，并通过线性规划进行求解。最终结果被应用于孟买的城市安全保护工作中。

Bucarey 等人[29]将单防御者 vs 单攻击者的斯塔克尔伯格安全博弈模型应用在边界安全巡逻中。其中，防御者通过部署警力资源进行巡逻以防止入侵者非法越界。模型将相邻的两个区域进行配对，并汇总在两个区域内不同目标点进行巡逻的资源，通过一种有效的抽样方法构建出可实施的防御者策略。

Baykal 等人[30]提出了城市交通安全领域的博弈模型。攻击者的目的是在城市交通网络中选择能够带来最大损失的节点进行攻击，安保部门考虑到攻击者的行为后在节点上布置资源。文章分别考虑了静态形式与动态形式下的博弈均衡解，其中动态形式下的均衡解可通过求解部分可观察马尔可夫过程得到。Laszka 等人[31]则考虑了城市交通信号灯可能遭受恶意攻击引起交通堵塞的情况，并针对性地提出了基于安全博弈模型的最佳应对策略。

Yin 等人[32]考虑了城市安全领域中应对大型突发公共事件的安全博弈模型，这些事件呈现出的主要特征为动态性，即不同区域发生攻击事件会随着城市人员的流动进行动态演变。此时，博弈双方的策略空间为连续型变量。文章提出了 SCOUT-C 算法进行求解。Li 等人[33-34]将斯塔克尔伯格安全博弈模型应用在应对昆明火车站发生的持续性攻击中，并通过 Double-Oracle 算法设计了安保人员在火车站的最佳巡逻路线。Jie 等人[35-36]通过斯塔克尔伯格安全博弈模型对城市交通安全领域的酒驾检查点进行了布置。

Vorobeychik 等人[37-38]提出了城市安全巡逻中的随机安全博弈模型[39]，其中防御者在需要巡逻的目标之间移动，且防御者的行动受目标空间位置的约束。在随机安全博弈模型中，目标的位置对应着状态，防御者在每个行动状态时会选择一个与该状态对应目标相关联的目标进行移动，攻击者的行动则为等待或者选择一个目标进行攻击。文章建立了非线性规划模型，并提出了混合整数线性规划的近似模型进行求解，从而得到防御者的最佳巡逻策略。Klaška 等人[40]后来在此模型基础上进行延伸，考虑了具有一般拓扑结构的对抗巡逻博弈中的防御者策略，该模型从防御者的历史行为中总结相关信息，并利用该信息指导下一状态的行动。Abaffy 等人[41]将巡逻博弈模型转化为以安全为目标的完美信息随机博弈模型，并设计了算法求解防御者历史行为相互依赖时的最优巡逻策略。

1.2.1.3 网络安全博弈

在网络安全领域，Wang 等人[42]基于斯塔克尔伯格安全博弈研究了提高多用户 OFDMA 网络中物理层安全性的协作干扰策略。Laszka 等人[43]将斯塔克尔伯格安全博弈应用在钓鱼攻击的防护问题中。后来，Li 等人[44-46]提出了应对中间人攻击 MITM（Man-In-The-Middle Attack）的攻防安全博弈模型，将攻击者与防御者之间的关系建模为斯塔克尔伯格安全博弈，通过求解强斯塔克尔伯格均衡解找出防御者的最佳人工噪声添加策略。Witte 等人[47]研究了网络安全中一种新的安全博弈模型，其中多代理在联系人网络中共享一些敏感信息。代理通过部署安全资源去应对策略性或非策略性攻击。结果表明，在非策略性攻击下，投资不足总是出现在纳什均衡中，而在策略性攻击性下，则可能存在着投资不足或者过度投资的情况。

以上三方面在单防御者 vs 单攻击者的相关介绍中，通常假设目标静止不动的，而现实情况中很多目标是移动的。例如，海洋安全中海盗会通过船只进行移动。如何处理移动性的目标，目前已有较多研究进展。

Fang 等人[48]考虑了移动目标斯塔克尔伯格安全博弈模型，此时攻击者策略不是选取离散的目标点，而是与位置相关成为一个连续型变量。文章将防御者的策略用紧凑形式表达，使用新颖的子间隔分析方法对攻击者的持续策略进行处理，进而建立线性规划模型得到防御者的最优巡逻策略。Maleki 等人[49]提出了基于马尔可夫框架的动态目标防御模型。Feng 等人[50]考虑了动态目标防护下的斯塔克尔伯格博弈模型，将防御者的优化问题转化为马尔可夫过程，并通过值迭代算法求解得到了防御者的最佳策略。

动态目标防护模型在网络安全领域中也得到了广泛应用。Zhu 等人[51]提出操纵网络的攻击面来创建移动目标防御，从而解决计算机网络静态性质容易被恶意攻击者收集有用信息的问题。Vadlamudi 等人[52]通过建立网络管理员与黑客攻击者之间的斯塔克尔伯格博弈，设计了移动目标防御系统，从而提高了 Web 应用程序的安全性。

在单防御者 vs 单攻击者安全博弈的算法研究中，目前有如下进展：

Kiekintveld 等人[53]提出将防御者混合策略用紧凑形式表达，防御者混合策略的维度与目标数目有关而不是防御者的纯策略数目。这大大降低了策略搜索空间的规模，目前已被用于求解大规模安全博弈场景中的防御者资源调度问题。

Jain 等人[54]提出了有任意调度约束限制安全博弈的 ASPEN 算法。该算法将列生成算法与分支定界相结合，能够求解大规模带有任意资源调度约束的安全博弈场景。Amin 等人[55]提出了求解斯塔克尔伯格安全博弈的梯度下降算法，进一步扩大了算法可求解的安全博弈场景规模。防御者的策略可以通过蒙特卡罗梯度方法进行求解。实验结果表明，该算法比之前研究提出的算法在求解大规模防御者策略集合时效率更高，速度更快。

1.2.2　单防御者 vs 多攻击者安全博弈模型的相关工作

在生活中的许多场景，防御者往往面对的是多种类型的攻击者。目前，关于单防御者 vs 多攻击者的安全博弈模型主要分为两类：贝叶斯斯塔克尔伯格安全博弈模型（Bayesian Stackelberg Security Games）与多目标安全博弈模型（Multi-Objective Security Games）。

1.2.2.1　贝叶斯斯塔克尔伯格安全博弈模型

在贝叶斯斯塔克尔伯格安全博弈模型中，参与人本质上仍然是单个防御者与单个攻击者，但是由于防御者对攻击者行为或者支付函数的不完全了解，在防御者视角，攻击者可能存在多种潜在类型。防御者不确定攻击者具体是哪一种类型，但可以确定每种可能类型出现的概率大小。通常用 p^ω 表示攻击者 ω 可能出现的概率。在该先验分布下，防御者假设每种类型的攻击者都会选择最佳响应策略，从而选择能够最大化自身期望收益的混合策略来执行。贝叶斯斯塔克尔伯格安全博弈模型目前在基础设施保护领域有着广泛的应用。

在基础设施保护方面，安全博弈模型已经应用于洛杉矶机场的巡逻防护、空中联邦警察调度、美国海岸警卫队巡逻以及城市地铁的安保工作中。其主要特点包括：

（1）被保护的目标（即基础设施）是静止的，且在短时间（若干月）内几乎不会发生改变。例如在机场，出现新建筑的时间可以用年来衡量，一般2～3 年才会出现新的建筑。

（2）被保护的目标具有离散结构。

（3）模型为单轮博弈。

（4）博弈模型中的攻击者具有高度战略性，即攻击者会在实施缜密的观察与计划后才会选择攻击策略。模型中的防御者不会重复更新策略。在这些领域中，数月之内发生的攻击次数很少甚至没有，且攻击通常不会连续发生，故不会使用机器学习方法去更新防御者的策略。

Pita 等人[56-58]将贝叶斯斯塔克尔伯格安全博弈模型应用在洛杉矶国际机场的安全巡逻中。洛杉矶国际机场拥有 8 个航站楼，这 8 个航站楼有不同的特点，如大小、载客量、客流量、国际与国内航班数量。这些因素导致了 8 个航站楼有不同的风险评估结果。受到有限资源的约束，可设置的车辆检查站不足以覆盖所有机场入口，警犬队伍的数量也不足以覆盖所有的航站楼。因此，文章基于贝叶斯斯塔克尔伯格博弈，通过 DOBSS 算法开发了 ARMOR 系统，并在 2007 年 8 月将其应用到洛杉矶国际机场检查点的设置以及警犬巡逻路线的设计中。

Tsai 等人[59]将贝叶斯斯塔克尔伯格安全博弈模型应用在美国联邦空中警察署空中警察资源的分配问题中。空中警察分配问题较机场巡逻问题更为复杂。一方面，空中警察数量有限，而航班数量却成千上万；另一方面，由于航班起飞与降落需要满足一定时间与空间上的约束，这些调度约束加大了最优随机调度策略的计算难度。在贝叶斯斯塔克尔伯格安全博弈模型基础上，文章使用 ASPEN 算法建立了 IRIS 系统，并于 2009 年 10 月成功应用在国际航班的空中警察调度工作中。

An 等人[60-62]将贝叶斯斯塔克尔伯格安全博弈模型应用在美国海岸线巡逻防护中。文章开发了 PROTECT 系统，将攻击者的观察能力以及目标区域中设施的价值作为输入参数，输出结果为警卫队巡逻具体的日程表，包括巡逻时间，巡逻经过的目标区域等。PROTECT 模型已经应用到纽约港口的安全巡逻中。

Albert 等人[63-64]将贝叶斯斯塔克尔伯格安全博弈模型应用在城市交通系

统的安全检查中。检票工作人员需要在列车和站台上查票，以降低乘客的逃票行为带来的经济损失。文章基于贝叶斯斯塔克尔伯格安全博弈模型开发了 TRUST 系统，用于应对交通系统中的逃票行为以及恶意攻击行人等犯罪行为。Pita 等人[65]基于贝叶斯斯塔克尔伯格安全博弈模型提出了 GUARDS 系统，用于美国交通安保部门在机场内部的安全检查。

除去在应用领域方面的研究，求解贝叶斯斯塔克尔伯格博弈模型的算法也取得了较多进展。

Jain 等人[66]将模型扩展到有限重复阶段的贝叶斯斯塔克尔伯格博弈中，扩大了目标集合的规模。文章首先提出了 HBGS（Hierarchical Bayesian solver for General Stackelberg games）算法用于求解一般的贝叶斯斯塔克尔伯格安全博弈模型，该算法比 DOBSS 算法在运行速度上快几个数量级，并且该算法可以处理 50 种攻击者类型的模型。此外，HBSA（Hierarchical Bayesian Solver for Security games with Arbitrary schedules）算法被应用在带有调度约束的场景中。结果表明，这两种算法可以得到高效的近似解，并且在不降低解质量的情况下可进一步扩大攻击者类型数目的数量级。

Kiekintveld 等人[67]将模型扩展到无限次重复阶段的贝叶斯斯塔克尔伯格博弈中，考虑到重复博弈下防御者需要根据历史数据学习模型的主要参数，例如攻击者的行为参数，这会给模型带来许多不确定因素。文章建立了关于支付不确定性的无限次重复贝叶斯斯塔克尔伯格博弈模型，并通过贪心蒙特卡洛 GMC（Greedy Monte-Carlo）算法、抽样复制动态算法 SRD（Sampled Replicator Dynamics）、抽样贝叶斯 ERASER 算法（Sampled Bayesian ERASER）算法以及最差情况区间不确定性方法（Worst-case Internal Uncertainty）分别求解近似解。结果表明，GMC 以及 SPD 算法在解的质量及扩展性方面效果较好。

Yin 等人[68]考虑了贝叶斯斯塔克尔伯格安全博弈中的不确定性问题，包括连续型不确定性（例如，攻击者支付函数的不确定性）以及离散型不确定性（例如，攻击者类型的不确定性）。文章提出了应对两种类型不确定性的联合求解算法——Hunter 算法。首先，算法在攻击者最佳响应空间中进行第一个最佳策略搜索，其次建立线性规划模型计算防御者期望收益的上界，再通过 Bender 分解方法求解线性规划模型，最后通过启发式分支算法提高搜索速度。

1.2.2.2　多目标安全博弈模型

贝叶斯斯塔克尔伯格安全博弈模型中的攻击者为可能存在多种类型的单个个体，但有些安全场景中防御者面临的是多个攻击者个体，且不同个体之间的行为方式、支付函数等差异较大，对防御者造成的影响也来自不同的层面。这时通过先验概率分布将所有类型的攻击者对防御者造成的影响综合成一个目标考虑是不合理的。

Brown 等人[69-70]提出多目标安全博弈模型 MOSGs（Multi-Objective Security Games）用来解决这一问题。在多目标安全博弈模型中，不同类型的攻击者对防御者造成的影响单独作为一个目标，综合考虑多种类型，防御者需要解决的问题变为一个多目标优化问题。MOSGs 存在多个非占优的帕累托解，对应的目标函数构成帕累托前沿。

Cui 等人[71]对多目标安全博弈中不同攻击者行为模型在描述现实情况中攻击者心理、行为等方面的结果进行了比较。文章通过对 1 000 个攻击者在 25 000 次博弈中采取的策略进行分析，比较了 9 种攻击者行为模型在描述攻击者真实心理方面的差别。结果表明，攻击者更倾向于选择收益最大的目标。此外，他们通常会尽可能躲避被防御者过多保护的目标，即使该目标可以带给自身很大的期望收益。

Bigdeli 等人[72]研究了具有模糊收益的多目标安全博弈模型，将其转化为带有模糊参数的双层规划问题。利用 KKT 条件将问题简化为区间多目标单层规划模型，并通过实例进行了验证。Eisenstadt 等人[73-74]建立了多目标网络攻防安全博弈模型，并证明了多目标安全博弈模型在模糊推理系统和人工神经网络安全应用中的高效性。

1.2.3 多防御者 vs 单攻击者安全博弈模型的相关工作

多防御者 vs 单攻击者安全博弈模型中的多防御者类型存在两个层面的含义。一方面，多防御者类型即指多个防御者个体，其在资源数目、支付函数等方面是不同的。例如，在一个城市的安全保护中，不同区域由不同的安保部门负责，多个安保部门作为防御者同时守护着城市与居民的安全。不同安保部门之间相互独立地行动，并无过多交流合作。另一方面，多防御者表示一种广义形式上的多类型防御者。由于信息不对称性，在防御者持有攻击者未知的信息时，一个防御者个体在攻击者视角存在多种可能类型。例如，当攻击者对防御者持有的资源数目未知时，攻击者不确定防御者的真实实力，从而会假设防御者存在多种可能性。

当多防御者类型表示多个不同的个体时，现有研究如下：

Andrew 等人[75]提出了网络上的多防御者安全博弈模型，其中每个单独的防御者个体负责保护不同的目标集合，不同防御者负责的目标之间有相互依赖性。此时，多防御者的安全决策会衍生出两种相互竞争的外部效应：积极外部效应与消极外部效应。积极外部效应指多个防御者同时防护使得整个目标集合的安全指数得到了提高，某个目标集合被攻击牵连其他目标的可能性会降低；消极外部效应指某一类型的防御者对自己负责的目标进行过多防护，从而促使攻击者转移目标，攻击其他类型防御者负责的目标。研究指出，在消极外部效用消失时，防御者会过度加强对自身负责目标的防护。

Jiang 等人[76]分析了安全博弈中多防御者同时防护下由于彼此之间的不合作行为带来的损失。文章首先分析多个防御者同时行动但不进行合作的代价 PoM（price of miscoordination），并分析了在最坏情况下 PoM 取值的界限。结果指出，在一般的安全博弈模型中，PoM 是无界的，而在所有目标都相同的安全博弈中，PoM 的取值最大为 $\dfrac{e}{e-1} \approx 1.582$，最小为 $\dfrac{4}{3}$。其次，文章分

13

析了多个防御者有顺序地行动时，彼此之间做出行动顺序承诺的代价 PoSC（Price of Sequential Commitment）。结果指出，即使是在目标完全一样的安全博弈场景中，PoSC 的取值都是无界的。

Lou 等人[77-78]提出了多防御者安全博弈模型（Multi-Defender Security Games）。多个防御者负责保护不同的目标子集，每个防御者可为自己负责的目标选择不同的安全资源配置。多个防御者同时行动，攻击者在观察到多防御者的联合策略后再选择能够最大化自身收益的目标进行攻击。文章首先从目标相互独立的特殊情况出发，分析了博弈的均衡解以及 PoM 的界值。结果表明，防御者在该情况中有过度保护目标的倾向。进而，文章分析了目标之间相互依赖的场景，并提出了混合整数线性规划模型求解防御者的最佳响应策略，得到了博弈的近似纳什均衡解。

Gan 等人[79]考虑了一种更为普遍的多防御者安全博弈模型，不同于之前模型中每种防御者类型只负责保护不同的目标子集，所有的防御者同时独立地保护相同的目标集合。文章提出了纳什-斯塔克尔伯格均衡解 NSE（Nash-Stackelberg Equilibrium），其中攻击者被视为外部环境因素，整个博弈变为多个防御者之间的博弈。结果表明，精确的 NSE 不一定存在，且判断 NSE 是否存在是一个 NP-hard 问题。但是，在一定的假设下，近似 NSE 是存在的。

Hota 等人[80]考虑了多个防御者同时保护不同的财产，且不同财产之间的关系，通过相互依存图表示的安全博弈场景。其中，每个防御者类型的最优资源分配问题可以通过凸优化模型进行求解。结果表明，不同防御者之间存在着纯策略纳什均衡解。文章将该模型分别应用在 SCADA 网络与分布式能源资源的调度中，并分析了由于多防御者之间分散的资源分配造成的损失。

Laszka 等人[81]将多防御者安全博弈模型应用在网络钓鱼攻击的防护中，其中多个相互独立且自私的用户扮演着防御者的角色，共同与攻击者进行博弈。防御者需要通过邮件过滤器将恶意得分超过阈值的邮件进行过滤，为确定最优的阈值，文章从短期与长期两个方面进行分析。在短期博弈交互阶段，防御者的最优阈值可通过求解斯塔克尔伯格多防御者均衡 SMDE（Stackelberg Multi-Defender Equilibrium）得到，而在长期博弈交互阶段，防御者的阈值可通过求解纳什均衡得到。结果表明，SMDE 不一定存在，但是纳什均衡是一定存在于博弈中的。

Gan 等人[82]基于多防御者安全博弈模型中 PoA[83-84]的分析，认识到多种防御者之间的不合作行为会造成资源浪费。为促进防御者之间的合作行为，文章考虑了能够促进合作行为的激励机制。一个考虑到多防御者不同偏好的完美合作机制需要达到如下性质：有效性（即不存在一个防御者资源分配能够在不损失其他防御者利益的情况下达到提高自身收益的目的）、收益保障性（激励机制需要保证每个防御者都能从中获得利益）、策略保障性（激励机制需要鼓励每个防御者都如实汇报自己的喜爱偏好）与个人理性保障性（防御者没有更改激励机制下均衡解的欲望）。结果表明，不存在一个合作激励机制能够同时达到这四种性质，但是达到四种之中部分性质的激励机制是存在的。

在多防御者类型表示一个防御者个体在攻击者视角可能存在多种潜在类型时，即广义形式的多防御者 vs 单攻击者安全博弈模型，现有研究如下：

由于攻击者对防御者类型的不完全了解，防御者有机会实施隐藏（Secrecy）与欺骗（Deception）行为。此时"信息"可作为防御者的另一种防护资源，与安保资源同时为防御者提供双重防护。隐藏行为指防御者对于设施的资源保护策略是不公开的，而欺骗行为指防御者主动透露给攻击者自己的策略，但是阐述给攻击者的策略不是真实的，该策略可能比真实策略对目标的保护要弱，也可能比真实策略对目标的保护要强。

Brown 等人[85]在弹道导弹部署的背景下研究了零和攻防博弈中防御者的隐藏行为，但是该模型假设攻击者在防御者的隐藏行为中获取不到任何信息，即使有些目标上的保护未被隐藏。Zhuang 等人[86-88]研究了国土安全保护领域中防御者的隐藏与欺骗行为，其中欺骗行为表现为防御者向攻击者泄露自己对目标保护的程度。防御者可向攻击者释放的信号集合包括隐藏行为、真实泄露与不同程度的虚假策略泄露行为。这三种不同的信号经过分析均可存在于均衡解中。

Yin 等人[89]初步提出了安全博弈中防御者的欺骗性策略。该欺骗性体现在防御者持有的资源可能是隐秘资源（如隐藏摄像头），又可能是虚假资源（如仿制摄像头），也有可能是真实资源。其中隐秘资源与虚假资源都有可能以一定的概率被攻击者发现，但是这些资源的存在的确在一定程度上加强了防御者对目标的保护力度。Xu 等人[90-91]将斯塔克尔伯格安全博弈建模为两阶段博弈模型，利用攻击者在观察防御者策略与实施攻击之间的时间间隙，防御者可选择释放干扰信号误导攻击者的判断。由于攻击者对防御者策略的不完全观察，信号可以起到混淆攻击者的作用，从而使得防御者在博弈中占据主动优势。Rabinovich 等人[92]将信息披露作为一种防御手段应用在安全博弈中，提出了 SASI（Security Assets aSsignment with Information disclosure）模型。该模型将斯塔克尔伯格安全博弈与贝叶斯推断相结合，使得防御者资产分配策略带来的收益优于"无声"安全博弈下的收益。Xu 等人[93]将"信息"作为防御资源应用在安保巡逻与传感器的合作之中，其中传感器不同于安保人员，它不能直接阻断攻击者的攻击，但能够向攻击者传达信息。文章提出了 SEG（Sensor-Empowered Security Game）模型，并基于分支定界算法提出了 SEGer 求解混合整数规划。结果表明，在安保巡逻中加入传感器是十分有效的，这也间接证明了信号在博弈中可起到积极作用。Cooney 等人[94]提出了应对不完全理性攻击者的欺骗信号释放策略。之前研究指出，在攻击者完全理性的假设下，防御者能够通过虚假信号达到欺骗攻击者的目的。Cooney 认为这样的假设过于理想化，因此设计了欺骗不完全理性攻击者的两阶段策略。Bondi 等人[95]考虑了带有不确定性因素的信号安全博弈模型。文章证实，在不确定性因素存在时，即使防御者依据信号精密部署自己的防御策略还是会遭受很大的损失。因此，文章提出了新的模型将防御者的信号策略与传感器相整合，并表明防御者仍然可以通过实时信息下的信号策略做出良好的表现。

Guo 等人[96]对于攻击者关于防御者持有资源数目的不确定性场景进行了博弈分析，提出了掩盖资源的安全博弈模型 DSG（Disguised-resource Security

Game）。在此信息不对称情况中，防御者可以隐藏自己的资源，伪装自己是一个持有较少资源的"弱防御者"，这类似于向攻击者发出了一个混淆信号。文章基本模型建立在信号博弈的基础上，每种类型的防御者通过持有的资源数目进行定义，且每种类型的防御者可以选择发出小于自己资源数目的信号误导攻击者的判断。攻击者由于不完全信息的存在，对防御者类型的认知表现为防御者潜在类型集合上的概率分布。为求解完美贝叶斯均衡解，文章给出了基于支撑集的求解算法。结果表明，防御者的战略性隐藏行为可以有效提高自己的收益。

Çeker 等人[97]提出了应对 Dos 攻击者的欺骗性方法。防御者可以将正常系统伪装为蜜罐，也可以将蜜罐伪装为正常系统，而攻击者无法准确区分。文章将防御者与 Dos 攻击者之间的交互行为建模为信号博弈，通过分析博弈模型下的完美贝叶斯均衡解 PBE（Perfect Bayesian Equilibrium）[98-100]，最终得到防御者可通过欺骗性策略提高系统的安全系数。

1.3　本书的主要内容和框架结构

1.3.1　研究问题

针对多场景安全博弈模型中均衡解的形式以及求解算法等方面，在国内外学者的共同研究下，目前已经取得了较多的成果。日渐成熟的安全博弈理论体系为本书研究工作的开展奠定了坚实的基础。然而，现有研究仍存在一些问题有待解决：① 单防御者 vs 单攻击者安全博弈模型的应用场景还有待扩展。除去基本的基础设施保护、野生动植物保护、网络安全等领域，通信安全领域中安全博弈模型的应用尚未得到广泛的研究。② 在单防御者 vs 多攻击者安全博弈中，多轮重复博弈对攻击者理性程度的假设过于理想化，不能较为准确地描述攻击行为。③ 在多防御者 vs 单攻击者安全博弈模型中，防御者对攻击者打破平局规则的定义较为随意，忽略了目标特征等因素对攻击者决策的影响。④ 在广义多防御者 vs 单攻击者安全博弈模型中，即一个防御者个体在攻击者视角可能存在多种潜在类型时，防御者"以弱装强"的欺骗行为尚未考虑。因此，为了针对性地解决这四个问题，从而更好地指导防御者在不同场景中进行资源部署。具体地，本研究思考了下列四个问题：

1.3.1.1　单防御者 vs 单攻击者安全博弈场景中的均衡解研究

针对单防御者 vs 单攻击者安全博弈模型尚未在通信安全领域中得到广泛应用的问题，本研究考虑将该模型应用于通信系统应对主动时变 ATV（Active Time-Varying）攻击的场景中，具体分析强斯塔克尔伯格均衡解在其中的具体表现形式。通信信道往往面临着各种类型的主动攻击与被动攻击[101]，其中主动攻击型的攻击者会尝试更改信号数据，对通信系统造成的损失非常大。在很多情况下，攻击者不会固定自己选择策略的模式，而是随着时间的变化更改策略，这样的攻击形式称为 ATV[102]攻击。时变的特性使得信号接收者面对一个未知的信道，进而无法完全掌握信道的特性。在 ATV 攻击下，信道存在着许多不确定性变量同时使得通信系统在估计信道增益时产生误差。为减少通信系统的损失，目前应对 ATV 攻击的主要方法是向系统中添加人工干扰节点，通过添加人工噪声的方法干扰攻击者的判断[103-106]，且人工干扰节点"无偿"向系统提供服务。本研究思考的第一个问题为：是否可以将通信系统与 ATV 攻击者之间的交互行为通过单防御者 vs 单攻击者安全博弈进行描述，求解博弈对应的强斯塔克尔伯格均衡解进而找到通信系统的最佳人工噪声添加策略。

1.3.1.2　单防御者 vs 多攻击者安全博弈场景中的均衡解研究

在现实生活中，防御者面临的对手类型往往不止一种。根据 1.2 节关于单防御者 vs 多攻击者安全博弈模型的介绍，其主要有两种类型：贝叶斯斯塔克尔伯格安全博弈模型与多目标安全博弈模型。在单轮的贝叶斯斯塔克尔伯格安全博弈中，防御者根据历史经验，猜测遇到每种攻击者类型的可能性，并在攻击者类型集合上产生一个贝叶斯先验分布。此时，防御者的优化目标为先验分布下防御者与每种类型攻击者博弈结果的线性组合。后续研究[107-108]将该模型拓展到多轮博弈的场景中，通过蒙特卡罗树搜索算法求得近似解。但该模型面临三个主要的问题：首先，该模型最终转化为求解单目标优化问题，没有考虑到不同攻击者类型之间的权衡；其次，获取先验分布需要大量的历史数据作为支撑，而现实情况往往面临着数据缺乏的问题，这给防御者如何设置先验分布的具体数值带来了困难；最后，该博弈模型假设攻击者在博弈每一阶段都选择最佳响应策略。过于理想化的假设使得该模型在实际问题中的应用效果欠佳。事实上，在重复博弈的每个阶段，攻击者并非一直以最佳响应策略进行攻击。攻击者可能完全随意地选择策略，也有可能中途更换行为模式，从而偏离最佳响应策略。多目标安全博弈模型可以解决单轮博弈场景下的前两个问题。该模型假设每种类型攻击者对防御者造成的威胁是不同的，甚至是不可直接比较的。故防御者面临着多个优化目标，每个目标来自每种类型攻击者对防御者造成的影响。然而，在重复的多目标安全博弈场景中，上述三个问题的最后一个问题还有待解决。即各种类型的攻击者在多轮博弈场景中，每一轮都选择最佳响应策略进行攻击的假设过于理想化。因此，本研究思考的第二个问题为：考虑一种重复博弈场景，在该场景中，防御者面临多种类型的攻击者，且对每种类型攻击者的理性程度、攻击偏好、行为模式不完全了解。防御者需要同时处理攻击者行为不确定性问题以及不同类型攻击者对防御者造成影响之间的权衡问题。

1.3.1.3　多防御者 vs 单攻击者安全博弈场景中的均衡解研究

在多防御者 vs 单攻击者安全博弈场景中，传统的强斯塔克尔伯格均衡解将会失效，这是因为强斯塔克尔伯格均衡解要求攻击者在遇到平局时会在最佳响应集合中选择能给防御者带来最大收益的目标进行攻击，即防御者会获得攻击者的"青睐"。而在多防御者 vs 单攻击者博弈中，这种来自攻击者的"青睐"并不知道会倾向于哪种类型的防御者。因此，多防御者 vs 单攻击者安全博弈的重点在于合理定义攻击者的打破平局规则。在以往的研究中[77-78]，攻击者会选择一种"平均"的方式打破平局，即以相等的概率在最佳响应集合中选择攻击目标。该打破平局规则忽略了一些外在因素对攻击者在选择攻击目标时的影响。例如，攻击目标本身的易损性、距离防御者的远近程度等因素，都会影响攻击者在面对"平局"时的选择。因此，本研究思考的第三个问题为：重新设计合理的攻击者打破平局规则，定义新的均衡解并设计算法进行求解。

1.3.1.4　广义多防御者 vs 单攻击者安全博弈场景中的均衡解研究

在 1.2 节的相关介绍中，当攻击者对防御者持有的资源数目不完全了解时，防御者可以隐藏资源误导攻击者对自身类型的判断。这相当于一个拥有很多资源的"强实力"防御者假装为一个拥有较少资源的"弱实力"类型。受此启发，本研究思考的第四个问题为："弱实力"类型的防御者是否可以借助于信息不对称性假装自己为"强实力"类型，通过虚张声势行为对攻击者造成一定程度的威胁。事实上，中国历史中诸葛亮的"空城计"与李广以 100 骑兵吓退匈奴几千大军等故事表明，在防御者方实力弱于敌军时，可以利用心理战术干扰敌军对防御者方实力的判断，进而吓退敌军[110]。因此防御者可以借助于虚假资源的力量混淆攻击者的判断，从而达到虚张声势的目的。

1.3.2　研究思路

本书使用斯塔克尔伯格博弈论、安全博弈论、线性规划、非线性规划、多目标优化等方法对四个问题进行了研究。本书框架如图 1.1 所示。

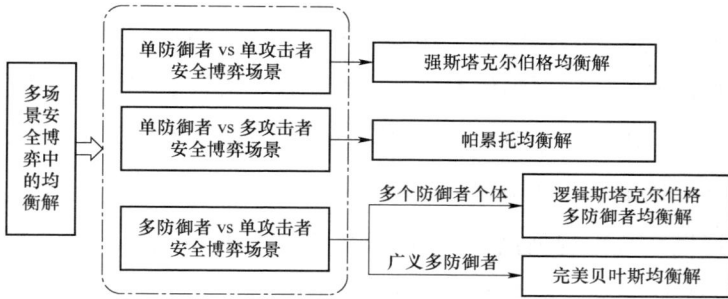

图 1.1 本书研究框架示意图

1.3.2.1 针对单防御者 vs 单攻击者安全博弈场景中的均衡解研究

为了描述通信系统与 ATV 攻击者之间的交互行为，本书基于单防御者 vs 单攻击者安全博弈模型分析了博弈双方的收益得失，并建立了通信系统关于人工噪声添加策略的优化模型。为了求解强斯塔克尔伯格均衡解 SSE，本研究基于攻击者最佳响应策略应具备的性质，从一个满足特定条件的子问题出发，分析出了 SSE 中通信系统应采取的人工噪声添加策略。受子问题的启发，本研究进一步考虑一般情况下的均衡问题。本研究设计算法将一个 $M-$ 维问题转化为 M 个 $1-$ 维问题，求解得到了 SSE 中通信系统的最佳人工噪声添加策略。最后，实验证明单防御者 vs 单攻击者安全博弈对 ATV 攻击者行为的高度战略性建模能够较为准确地刻画出攻击者的真实行为，进而减少通信系统的损失。

1.3.2.2 针对单防御者 vs 多攻击者安全博弈场景中的均衡解研究

在单防御者 vs 多攻击者重复安全博弈场景中，防御者对于多种类型攻击者的理性程度、行为模型均具有不完全信息。本研究通过最差情况分析法（worst-case analysis），优化防御者由于对攻击者攻击行为的不完全了解造成的后悔值[111-114]，其中后悔值定义为不确定性条件下的策略与事后最佳策略带给防御者收益之间的差值。由于防御者在面临多种类型攻击者时，一个防御者策略要使得对抗所有类型攻击者产生的后悔值同时达到最优是非常困难的。故本研究考虑防御者的帕累托有效策略，即防御者希望自己的策略针对某些类型攻击者产生的后悔值最优，允许对其余类型的攻击者在后悔值上付出适度的代价。因此，本研究考虑多目标场景下的后悔值优化问题，求解防御者的帕累托均衡解。其中每个目标对应着不同类型攻击者对防御者造成的后悔值，通过在线性规划执行 Q – 迭代算法，本研究得到了无限阶段重复博弈中防御者的帕累托后悔值前沿[115-118]。

1.3.2.3 针对多防御者 vs 单攻击者安全博弈场景中的均衡解研究

为了解决 SSE 在多防御者 vs 单攻击者安全博弈场景中失效的问题，本书基于目标的吸引力值定义了攻击者的逻辑打破平局规则。基于该规则，分析了多防御者与单攻击者之间的博弈均衡解，定义该解为逻辑斯塔克尔伯格多防御者均衡解（Logit Stackelberg Multi-Defender Equilibrium，LSMDE）。本书通过理论分析得出了 LSMDE 的一些性质及存在的充分条件，并在均衡解存在的情况下设计算法求解得到 LSMDE。通过分析发现，LSMDE 不一定存在。因此，求解近似解是本研究的主要目标。而 LSMDE 实际上等价于多防御者之间的纳什均衡，本研究实际上需要求解的是多防御者之间的近似纳什均衡解。最后，本书提出了改进排除算法，求解得到了该场景中的近似纳什均衡解，并与迭代最佳响应 IBR（Iterated Best Response）算法进行了比较。实验结果表明本书给出的算法不仅可以求解更多博弈实例中的均衡解而且求解速度要快于 IBR 算法。

1.3.2.4 针对广义多防御者 vs 单攻击者安全博弈场景中的均衡解研究

在攻击者对防御者拥有资源类型以及数目的不完全认知基础上，防御者可以通过发出虚假信号误导攻击者对其真实类型的判断，以提高自身在博弈中获得的收益。防御者同时拥有一定数目的真实资源与一定数目的虚假资源，而拥有较少真实资源与一定虚假资源的防御者可以通过"以假乱真"的行为"虚张声势"，使得攻击者误以为该防御者所拥有的资源全部为真实资源。首先，本书将此场景建模为信号博弈，防御者的策略不仅包括传统安全博弈模型中的资源分配策略，还包括信号释放策略，而攻击者的策略则是在收到防御者释放的信号后根据判断出的防御者类型选择最佳攻击目标。其次，本研究提出完美贝叶斯均衡解 PBE（Perfect Bayesian Equilibrium）的概念定义博弈双方的最佳策略。最后，本书通过建立混合整数三次规划来求解该模型，并通过实验设计寻找出防御者的最佳资源部署策略以及最佳信号释放策略。实验结果进一步证明了防御者可以从释放信号这一"虚张声势"行为中获得较高的收益。

1.3.3 框架结构

第 1 章为绪论部分。具体介绍了安全博弈的研究背景与意义，并从单防御者 vs 单攻击者、单防御者 vs 多攻击者和多防御者 vs 单攻击者三大安全博弈场景出发，分别概述了现阶段的研究进展，包括应用的扩展及算法的改进。介绍了本书的主要内容。

第 2 章为预备知识部分。对斯塔克尔伯格博弈论、安全博弈论、安全博弈中的均衡解求解算法、攻击者的行为模型、处理不确定性问题的最差情况分析方法，以及信号博弈的基本内容作了相关介绍。

第 3 章研究了单防御者 vs 单攻击者安全博弈场景中的均衡解。将单防御者 vs 单攻击者安全博弈模型应用到通信系统应对 ATV 攻击的场景中，考虑强斯塔克尔伯格均衡解 SSE 在其中的具体表现。基于攻防安全博弈模型的框架，本书建立了通信系统在攻击者最优决策基础上的优化模型。为求解 SSE，本书设计了算法将 $M-$ 维问题转化为 M 个 $1-$ 维问题，得到了防御者的最佳人工噪声添加策略。实验结果表明单防御者 vs 单攻击者安全博弈模型下 SSE 对应的防御者策略可以给通信系统带来较小的损失。

第 4 章研究了单防御者 vs 多攻击者重复安全博弈场景中的均衡解。首先，本研究考虑了多种攻击者在重复博弈场景中的不完全理性行为，通过最差情况分析法计算防御者在不确定性条件下的后悔值。其次，由于防御者策略要使得应对每种类型攻击者的后悔值都最小是非常困难的。因此，本书建立了多目标安全博弈模型，允许防御者对部分类型的攻击者在后悔值上付出适度的代价，使得防御者策略在应对某些类型的攻击者达到最优后悔值。为求解无限阶段重复博弈中的帕累托后悔值前沿，本书提出了线性规划上的 Q – 迭代算法，并通过理论分析与实验分析验证了算法的有效性能。

第 5 章研究了多防御者 vs 单攻击者安全博弈场景中的均衡解。本研究重新定义了攻击者的打破平局规则——逻辑打破平局规则，并基于此定义了逻辑斯塔克尔伯格多防御者均衡解 LSMDE。由于 LSMDE 不能保证存在，故本研究设计了判断 LSMDE 存在与否的算法。此外，将攻击者视为博弈外部因素，分析了多防御者之间的纳什均衡解。最后给出了求解近似纳什均衡解的算法，并通过实验验证了本研究算法在求均衡解方面的有效性能。

第 6 章研究了广义多防御者 vs 单攻击者安全博弈场景中的均衡解。在攻击者对防御者持有不完全信息时，防御者有机会"虚张声势"。本书基于信号博弈模型建立了虚张声势安全博弈模型。为求解完美贝叶斯均衡解 PBE，建立了混合整数三次规划模型。实验结果表明，相比于没有信号干扰的安全博弈模型，防御者确实可以通过"虚张声势"行为获得更高的收益。

第 7 章对本书研究的主要工作以及研究成果做了相关总结，提出了主要的创新点及未来工作展望。

第 2 章　预备知识

本章介绍本书应用到的基础知识，分别为 2.1 章节中的斯塔克尔伯格博弈论相关知识、2.2 章节中的安全博弈论相关知识、2.3 章节的最坏情况分析法以及 2.4 章节的信号博弈模型。

2.1　斯塔克尔伯格博弈论

2.1.1　斯塔克尔伯格博弈模型

斯塔克尔伯格博弈[119-120]，也称为领导者—跟随者博弈，由德国经济学家 Herinrich Von Stackelberg 于 1952 年在研究市场经济问题时提出。它是一种典型的完全信息动态博弈。在完全信息静态博弈中，博弈参与者的行动是同时的，没有先后顺序。在某种意义上来说博弈参与者处于相同的地位。因为每个参与者都有机会获取到关于对手的决策信息，且每个参与者的决策同时依赖于这些信息。不同于完全信息静态博弈，斯塔克尔伯格博弈作为一种完全信息动态博弈，存在一个不同于其他决策者的参与者。该参与者，通常称之为领导者，可以预测到对手（跟随者）的反应并且利用该反应做出自己的最佳决策。换句话说，领导者从策略集中选择某个策略执行，而跟随者依据领导者选择的策略来选择自身的策略。该博弈模型的基础要素如下：

（1）参与者（Player）：斯塔克尔伯格博弈存在两名参与者，且参与者的行动是有先后顺序的，因此通常将先行动者称为领导者（Leader），后行动者为跟随者（Follower）。该博弈中的两名参与者不仅可以指两个个体，也可以代表两个团体。

（2）策略（Strategy）：策略是指参与者选择行动的规则。在斯塔克尔伯格博弈过程中，每个参与者的纯策略为信息集到行动集合的映射，即参与者依据决策节点所在的信息集合选择一个行动，而混合策略表示参与者在每一个信息集上随机地选择行动。记领导者的任意混合策略为 s_L，跟随者的任意混合策略为 s_F。

（3）收益（Utility）：收益是指参与者策略的共同作用带给博弈双方的收益水平。每个参与者的收益由博弈双方所有可能的纯策略组合给出，通过计算所有纯策略组合带来结果的期望值，可以计算混合策略下参与者的收益。

本研究给出博弈均衡解斯塔克尔伯格均衡解 SE（Stackelberg Equilibrium）与纳什均衡解 NE（Nash Equilibrium）的定义如下。

定义 2.1 领导者与跟随者的策略对 (s_L^*, s_F^*) 构成 SE，当且仅当其同时满足以下条件：

（1）跟随者选择最佳响应策略去应对领导者的策略 s_L^*，即跟随者选择 s_F^* 的期望收益不小于策略集合中任意其他策略带来的收益，即 $U_F(s_L^*, s_F^*) \geqslant U_F(s_L^*, s_F), \forall s_F$；

（2）s_L^* 是领导者应对攻击者策略 s_F^* 的最佳响应策略，即 $U_L(s_L^*, s_F^*) \geqslant U_L[s_L, s_F(s_L)] \forall s_L$，其中 $s_F(s_L) = \mathrm{argmax}_{s_F} U_F(s_L, s_F)$。

定义 2.2 在有 n 个参与者的标准形式博弈模型中，策略组合 $s^* = (s_1^*, \cdots, s_j^*, \cdots, s_n^*)$ 构成一个 NE，如果对于每个参与者 j，s_j^* 是给定其他参与者策略选择 $s_{-j}^* = (s_1^*, \cdots, s_{j-1}^*, s_{j+1}^*, \cdots, s_n^*)$ 情况下参与者者 j 的最优策略，即：

$$U_j(s_j^*, s_{-j}^*) \geqslant U_j(s_j, s_{-j}^*) \quad \forall s_j \in S_j, \forall j \qquad (2.0)$$

其中 S_j 表示参与者 j 的策略集合，U_j 表示参与者 j 的效用函数。

纳什均衡是非合作博弈理论中的重要概念，纳什均衡表明在多人同时博弈中，一名参与者在其他参与者策略给定的情况下，没有改变自身策略的动机，因为改变策略并不能给自己带来更大的收益。同时，不允许两名及以上的参与者更改自己的策略，这是因为在两名及以上参与者可同时更改策略时，参与者之间会出现合作行为，这在非合作博弈中是不允许存在的。纳什均衡的概念由约翰·纳什（John Nash）提出，并通过 Kakutani 不动点理论[121] 证明了纳什均衡的存在性定理[122]，即每一个有限博弈至少存在一个纳什均衡。

2.1.2 斯塔克尔伯格博弈模型示例

本节将举例说明斯塔克尔伯格博弈中领导者作为先行动者的优势。参考表 2.1 所示的博弈收益矩阵，其中领导者是行参与者，跟随者是列参与者。领导者的纯策略集为 {a,b}，跟随者的纯策略集为 {c,d}。此博弈存在唯一的纳什均衡解为策略对 (a,c)，即领导者选取策略 a，跟随者选取策略 c，此策略对带给领导者与跟随者的收益分别为 3 和 1。而根据收益矩阵，行动 b 带给领导者的最大收益为 4。因此，若领导者能在追随者行动之前选取行动 b 并执行，跟随者只能选择行动 d 让自身收益最大，此时领导者与追随者的收益分别为 4 和 2。若领导者采取混合策略（0.5a，0.5b），即以 0.5 的概率选择行动 a，以 0.5 的概率选择行动 b，追随者将会选择行动 d，此时领导者将获得更高的收益 4.5，而追随者获得收益 1。故斯塔克尔伯格博弈中的均衡解不同于纳什均衡，体现出了领导者的先行优势。

表 2.1 斯塔克尔伯格博弈收益矩阵

	c	d
a	3, 1	5, 0
b	2, 0	4, 2

2.2 安全博弈论

安全博弈论基于斯塔克尔伯格博弈发展而来，是斯塔克尔伯格博弈在安全领域的一个重要应用，也被称为斯塔克尔伯格安全博弈 SSG（Stackelberg Security Game）。在安全博弈中，参与人包括防御者（Defender）与攻击者（Attacker），分别对应斯塔克尔伯格博弈中的领导者与跟随者。在 SSG 中，防御者需要部署有限数目的资源 m 来保护目标集合 T（$m < |T|$），而攻击者在观察到防御者的策略之后再选择攻击策略。安全博弈论目的是通过将保护场景建模为 SSG，为防御者设计出最佳的保护策略。

2.2.1 斯塔克尔伯格安全博弈模型

斯塔克尔伯格安全博弈模型的基础要素如下：

2.2.1.1 参与人

斯塔克尔伯格安全博弈模型的参与人包括防御者与攻击者。防御者对应着斯塔克尔伯格博弈中的领导者，攻击者对应着追随者。其中，防御者先行动，攻击者在观察得知防御者的保护策略后进行攻击。

2.2.1.2 策略

防御者的纯策略 i 是在目标集合 $T = \{t_1, \cdots, t_{|T|}\}$ 中选择至多 m 个目标进行保护，即纯策略来自目标集合的子集，纯策略个数为 $C_{|T|}^m$。防御者的纯策略 i 可以表示为：$i = \langle i_t \rangle \in \{0,1\}^{|T|}$，其中 $i_t = 1$ 表示纯策略 i 保护了目标 t，$i_t = 0$ 表示目标 t 在纯策略 i 中未被保护。记防御者全部的纯策略集合为 I，则 $I \subseteq \{0,1\}^{|T|}$。攻击者的纯策略是选择目标集合中的一个目标进行攻击，因此可以认为攻

者的纯策略集合为目标集合。攻击者的混合策略即可表示为 $q = \langle q_t : t \in T \rangle$，其中 $q_t \in [0,1]$ 为选择目标 t 攻击的概率。防御者的混合策略 $x = \langle x_i : i \in I \rangle$ 为纯策略集合上的概率分布，$x_i \in [0,1]$ 为选择纯策略 i 的概率。将防御者所有的混合策略集合记为 X。在安全博弈背景下，防御者选择混合策略，而攻击者则选择纯策略进行应对。通常，防御者的策略可以通过紧凑的方式表达。记 $c(x) = \langle c_t : t \in T \rangle$ 为防御者混合策略 x 经过紧凑形式表达后对应的覆盖概率向量，其中 $c_t = \sum_{i \in I} x_i$ 表示目标 t 的边缘概率。例如，拥有 2 个资源的防御者需要保护 3 个目标 $\{t_1, t_2, t_3\}$，其纯策略集合为 $\langle 1,1,0 \rangle, \langle 1,0,1 \rangle, \langle 0,1,1 \rangle$。任选一个混合策略 $x = \langle 0.1, 0.4, 0.5 \rangle$，可计算出 $c_{t_1} = 0.1 + 0.4 = 0.5$，$c_{t_2} = 0.1 + 0.5 = 0.6$，$c_{t_3} = 0.4 + 0.5 = 0.9$，则 $c(x) = \langle 0.5, 0.6, 0.9 \rangle$ 为 $x = \langle 0.1, 0.4, 0.5 \rangle$ 经过紧凑形式表达之后对应的覆盖概率向量。防御者混合策略的维度为纯策略的数目 $C_{|T|}^m$，而紧凑表达形式下的策略维度为目标集合的大小 $|T|$，相比于直接求解混合策略要简化很多。

2.2.1.3　收益

给定博弈双方策略 (x, t)，防御者的收益为 $U_d(x, t) = \sum_{i \in I} x_i U_d(i, t)$，类似地，攻击者的收益为 $U_a(x, t) = \sum_{i \in I} x_i U_a(i, t)$。通常，对于任意目标 t，都对应着四个参数 $\{R_t^d, P_t^d, R_t^a, P_t^a\}$，且满足 $R_t^d > P_t^d, R_t^a > P_t^a$。若防御者保护了目标 t 且该目标同时被攻击者攻击，则防御者获得收益 R_t^d，攻击者则获得惩罚 P_t^a，此种情况即为攻击失败的场景。类似地，若防御者未保护目标 t，但该目标被攻击，此时防御者获得惩罚 P_t^d，攻击者攻击成功获得收益 R_t^a。这表明，对于目标 t，当该目标被保护后，防御者得到的收益要比该目标没被保护但被攻击者攻击所带来的损失要大，而对于攻击者则恰恰相反。在防御者策略的紧凑表达 c 下，可计算出防御者的期望收益为 $U_d(c, q) = \sum_{t \in T} (c_t R_t^d + (1 - c_t) P_t^d) \cdot q_t$，攻击者的期望收益为 $U_a(c, q) = \sum_{t \in T} (c_t P_t^a + (1 - c_t) R_t^a) \cdot q_t$。

通常假设，攻击者是完全理性地选取攻击策略去应对防御者的保护策略。

记防御者策略 x 诱导出的攻击策略为目标 t 时，防御者策略 x 对应的紧凑表达策略为 $c(x)_t$。则 $c(x)_t$ 为 $3|T|+m+1$ 个半平面的交集在 n 维空间上的映射，故 $c(x)_t$ 为至多 $3|T|+m+1$ 个半平面的交集且 $c(x)_t$ 为凸集[123]。

安全博弈的均衡解强斯塔克尔伯格均衡解 SSE（Strong Stackelberg Equilibrium）由定义 2.3 给出。

定义 2.3 策略对 (x^*,t^*) 构成一个 SSE 当且仅当其同时满足下列三个条件：

（1）攻击者选择最佳响应策略去应对防御者的策略 x^*，即 $U_a(x^*,t^*) \geq U_a(x^*,t), \forall t$。

（2）攻击者在面对多种最佳响应决策时选择一个对防御者有利的策略来打破平局，即 $U_d(x^*,t^*) \leq U_d(x^*,t')$，其中 $t' \in \mathrm{argmax}_t U_a(x^*,t)$。

（3）x^* 是防御者的最佳保护策略，即 $U_d(x^*,t^*) \geq U_d(x,t(x))$，$t(x) = \mathrm{argmax}_t$，$U_a(x,t)$ 为攻击者以第二个条件定义的、打破平局规则选择出的应对防御者策略 x 的最佳响应策略。

SSE 中假设攻击者在遇到平局，即最佳响应策略集中的策略不止一个时，会选择对防御者较好的策略进行攻击，即以强打破平局方式进行策略抉择。这是因为多数情况下，防御者可以通过选择一个无限靠近均衡解的策略使得攻击者能够严格倾向于唯一的策略，从而诱导攻击者最终选择防御者喜欢的策略[124]。若是假设攻击者以弱打破平局规则进行攻击，即攻击者在最佳响应集合中选择最不利于防御者的策略进行攻击，此时对应着弱斯塔克尔伯格均衡解 WSE（Weak Stackelberg Equilibrium）[125]，WSE 在大多数情况下不存在。故安全博弈舍弃 WSE，而将 SSE 作为防御者与攻击者之间达到稳定状态的均衡解形式。

2.2.1.4 SSE 与 NE 的关系

本研究以安全博弈模型中一个简单例子阐明 SSE 与 NE 之间的关系。假设防御者拥有 2 个资源，需要保护的目标集合为 $\{t_1, t_2\}$，参与人在目标上获得的收益，即对应参数 $\{R_t^d, P_t^d, R_t^a, P_t^a\}$ 的取值见表 2.2。行表示防御者对目标的保护与否，列表示攻击者攻击的目标。例如，收益向量（4，0）表示目标 t_1 被防御者保护且被攻击者攻击时，防御者获得收益 4，攻击者获得收益 0，即 $R_1^d = 4$，$P_1^a = 0$。

表 2.2　目标 $\{t_1, t_2\}$ 对应的 $\{R_t^d, P_t^d, R_t^a, P_t^a\}$ 取值

	t_1（攻击）	t_2（攻击）
目标被保护资源覆盖	4, 0	−1, 1
目标未被保护资源覆盖	0, 2	−2, 3

此时，防御者的纯策略集合为 $\{t_1, t_2\}:\langle 1,1\rangle, \{t_1\}:\langle 1,0\rangle, \{t_2\}:\langle 0,1\rangle, \{\}:\langle 0,0\rangle$。$\{t_1, t_2\}:\langle 1,1\rangle$ 表示防御者在目标 t_1 与 t_2 各放置 1 个资源；$\{t_1\}:\langle 1,0\rangle$ 表示防御者在目标 t_1 放置 1 个资源，未在目标 t_2 放置资源；$\{\}:\langle 0,0\rangle$ 表示防御者未在任何目标放置资源。依据表 2.2，可得出防御者与攻击者分别采取纯策略时博弈双方的支付情况。表 2.3 给出了博弈参与人纯策略对下的支付矩阵。

表 2.3　博弈支付矩阵

	t_1	t_2
$\{t_1, t_2\}:\langle 1,1\rangle$	4, 0	−1, 1
$\{t_1\}:\langle 1,0\rangle$	4, 0	−2, 3
$\{t_2\}:\langle 0,1\rangle$	0, 2	−1, 1
$\{\}:\langle 0,0\rangle$	0, 2	−2, 3

计算 NE：依据表 2.3 给出的博弈支付值，可得出该博弈的纳什均衡解（NE）为 $\langle \{t_1, t_2\}:\langle 1,1\rangle, t_2 \rangle$，即防御者采取纯策略 $\{t_1, t_2\}:\langle 1,1\rangle$ 得到的收益值为 −1，攻击者选择 t_2 进行攻击得到的收益值为 1。但是，该 NE 并不是一个强斯塔克尔伯格均衡解。

计算 SSE：对于防御者来说，攻击者选择 t_1 带来的收益要严格优于攻击 t_2 带来的收益。在斯塔克尔伯格博弈中，由于先行动者的先行优势，防御者可

以先行占据主动地位，迫使攻击者选择 t_1 进行攻击。为了诱导攻击者选择目标 t_1，防御者可选择纯策略 $\{t_2\}:\langle 0,1\rangle$，此时攻击者选择目标 t_1 使得防御者获得收益 0。但是，防御者可以选择混合策略来提高自己的收益。例如，防御者以 0.5 的概率选择纯策略 $\{t_1,t_2\}:\langle 1,1\rangle$，以 0.5 的概率选择纯策略 $\{t_2\}:\langle 0,1\rangle$，此时攻击者选择 t_1,t_2 获得的收益均为 1。但是 SSE 假设攻击者在遇到这样的平局时会选择利于防御者的目标进行攻击，因此攻击者的策略为 t_1。此时，防御者的期望收益为 2，要优于纳什均衡解中的收益 -1。经检验，防御者的混合策略 $0.5\{t_1,t_2\}:\langle 1,1\rangle$，$0.5\{t_2\}:\langle 0,1\rangle$ 是稳定的。这是因为选择纯策略 $\{t_2\}:\langle 0,1\rangle$ 的可能性变为 $0.5+\epsilon$ 时，攻击者选择目标 t_1 进行攻击，此时防御者的收益为 $4\cdot(0.5-\epsilon)$，即使 ϵ 很小也会使得防御者收益降低。因此，该博弈的 SSE 为 $\langle 0.5\{t_1,t_2\}:\langle 1,1\rangle, 0.5\{t_2\}:\langle 0,1\rangle,"t_1"\rangle$。该均衡解中，博弈双方的策略互为对方策略的最佳响应，因此该 SSE 同时为 NE。结合上述 NE 的计算过程，NE 不一定为 SSE，故 SSE $\subseteq$ NE，且二者都是防御者策略集合的子集。二者的关系可通过图 2.1 形象描述。

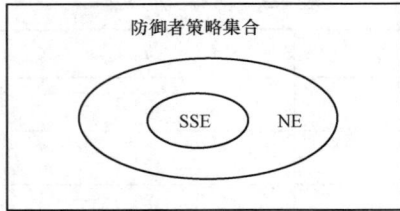

图 2.1 SSE 与 NE 的关系

2.2.2 贝叶斯–斯塔克尔伯格安全博弈模型

安全博弈模型的每个参与人（防御者或者攻击者）的类型可能不止一个，在面对多类型参与人的安全博弈场景时，需要建模为贝叶斯-斯塔克尔伯格安全博弈模型。在不完全信息博弈中，由于不确定性的存在，防御者对于攻击者的支付不能完全确定，因此在防御者视角，攻击者存在多种可能的类型，每种类型的攻击者对应着一种可能的支付值。本节以单类型防御者与多类型攻击者的博弈场景为例，介绍贝叶斯-斯塔克尔伯格安全博弈模型的主要特征。其基本框架结构同样适用于多类型防御者与单类型攻击者的博弈场景。

单类型防御者与多类型攻击者的博弈开始时，防御者对于对手的类型不能百分之百确定。因此，本研究用 p_ω 来表示一种特定攻击者类型 ω 出现的概率。攻击者知道自己的类型，故对自身以及防御者的收益具有完全信息。在该情况下，防御者与攻击者的纯策略集是不变的，不同类型攻击者的纯策略集合仍然是目标集合。将攻击者类型 ω 采取的策略记为 $\boldsymbol{q}^\omega$。则防御者的期望收益为 $U_d(\boldsymbol{c},\boldsymbol{q}) = \sum_{\omega \in \Omega} p_\omega \sum_{t \in T} (c_t R_t^d + (1-c_t) P_t^d) \cdot q_t^\omega$，攻击者 ω 的期望收益为 $U_\omega(\boldsymbol{c},\boldsymbol{q}^\omega) = \sum_{t \in T} (c_t P_t^\omega + (1-c_t) R_t^\omega) \cdot q_t^\omega$。

在贝叶斯-斯塔克尔伯格安全博弈模型中，防御者的目标是在考虑到所有可能的攻击者类型都会选择最佳响应策略的情况下，选择一种能够使得其期望收益最大的最佳覆盖概率向量。这样，每种类型的攻击者在自身收益矩阵下，选择应对防御者覆盖概率向量的最佳响应策略。

2.2.3　安全博弈算法介绍

线性规划 LP（Linear Programming）是运筹学的重要分支之一，是一种研究线性约束条件下线性目标函数极值（最大或者最小）问题的数学理论和方法。其通用的模型可由（P2-1）描述。

$$\max(\min)\ \alpha_1 x_1 + \alpha_2 x_2 \cdots + \alpha_{|T|} x_{|T|} \qquad \text{（P2-1）}$$

$$\text{s.t. } \gamma_{j1} x_1 + \gamma_{j2} x_2 + \cdots + \gamma_{jn} x_{|T|} \sim b_j,\quad j = 1 \cdots |J| \qquad \text{（2.1）}$$

$$x_t \geqslant 0,\quad t = 1 \cdots |T| \qquad \text{（2.2）}$$

其中，目标函数为变量 $\boldsymbol{x} = <x_1, x_2, \cdots x_{|T|}>$ 的线性组合，约束条件（2.1）同样为变量 $\boldsymbol{x}$ 的线性组合，其中的 $\sim$ 可表示 $=$、$\geqslant$ 或者 $\leqslant$。

线性规划模型可以计算出 maximin 解，同时也是安全博弈模型需要的均衡解。因此，线性规划模型在求解 SSE 中起着重要的地位和作用。

首先考虑零和斯塔克尔伯格安全博弈。maximin 策略表示防御者假设攻击者会选择一个策略使得自己的收益最差，进而需要去优化自己的收益。换句话说，即防御者需要选择一个策略优化自己最差情况下的收益。反之，minimax 策略表示防御者选择一个最大化自身收益策略的同时使得攻击者的收益最小。在零和博弈下，maximin 策略与 minimax 策略是等价的。零和博弈下安全博弈可通过线性规划模型（P2-2）求解。其中，防御者要最大化自身的收益 V 而攻击者要使其最小化。在零和博弈下，攻击者的收益为 $-V$，故 $-V \geqslant \sum_{i \in I} x_i U_a(i,t) = -\sum_{i \in I} x_i U_d(i,t)$，从而得到约束条件（2.5）。

$$\max_{x,V} V \tag{P2-2}$$

$$\text{s.t.} \sum_{i \in I} x_i = 1 \tag{2.3}$$

$$x_i \geqslant 0, \ \forall i \in I \tag{2.4}$$

$$V \leqslant \sum_{i \in I} x_i U_d(i,t), \ \forall t \in T \tag{2.5}$$

而大多数的安全博弈并不是零和博弈，这是因为防御者与攻击者的喜好、看问题的侧重等方面通常是不同的，故博弈双方得失不是完全对抗的。对于一般的安全博弈模型，基于线性规划的求解算法需要在（P2-2）的基础上做出相应的改进。

MultiLPs 算法[6]（Multi-Linear Programming）是非零和安全博弈中求解 SSE 的一个标准算法，该算法由 Conitzer 与 Sandholm 与 2006 年提出。MultiLPs 算法的核心思想是为攻击者每个可能的纯策略都单独建立一个线性规划模型 LP。这个 LP 以最大化防御者的收益为目标，在攻击者选择的最佳响应策略为 t 的约束下，求解得到 SSE。当算法穷尽所有的攻击者策略 t 后，将所有得到的目标函数值进行比较，从中选择出一个全局最优的防御者策略。该算法可用规划模型（P2-3）描述。

$$\max_{x} \sum_{i \in I} x U_d(i,t) \tag{P2-3}$$

$$\text{s.t.} \sum_{i\in I} x_i U_a(i,t') \leqslant \sum_{i\in I} x_i U_a(i,t), \forall t' \tag{2.6}$$

$$x_i \geqslant 0, \forall i \in I \tag{2.7}$$

在（P2-3）中，攻击者选取策略 t 带来的收益 $\sum_{i\in I} x_i U_a(i,t)$ 不少于其他任意策略 t' 带来的收益 $\sum_{i\in I} x_i U_a(i,t')$，在约束（2.6）下最大化防御者的收益即可求解出在攻击者的最佳攻击策略是 t 的情况下，防御者的最佳应对策略。

在处理多类型攻击者的安全博弈场景下，由于不同类型攻击者之间是相互独立的，故所有攻击者的纯策略组合有 $|T|^{|\Omega|}$。若采用 MultiLPs 算法，则需要求解的线性规划数量有 $|T|^{|\Omega|}$ 个，该算法的时间复杂度随着攻击者的类型数目呈指数型增长。故研究者提出了更有效的求解算法——DOBSS 算法[126]（Decomposed Optimal Bayesian Stackelberg Solver）。该算法利用不同攻击者类型之间的相互独立性，将整个问题进行降解（Decomposition），通过建立混合整数线性规划求得防御者的最佳策略。DOBSS 算法目前已被应用在洛杉矶机场航站楼的巡逻调度之中。规划模型如（P2-4）所示。

$$\max_{\boldsymbol{x},V_d,\boldsymbol{q},V_a} \sum_p p_\omega V_d^\omega \tag{P2-4}$$

$$\text{s.t.} \sum_{i\in I} x_i = 1 \tag{2.8}$$

$$\sum_{t\in T} q_t^\omega = 1, \quad \forall \omega \in \Omega \tag{2.9}$$

$$0 \leqslant V_a^\omega - U_a^\omega(\boldsymbol{x},t) \leqslant (1-q_t^\omega)\cdot M, \quad \forall t \in T, \forall \omega \in \Omega \tag{2.10}$$

$$V_d^\omega - U_d^\omega(\boldsymbol{x},t) \leqslant (1-q_t^\omega)\cdot M, \quad \forall t \in T, \forall \omega \in \Omega \tag{2.11}$$

$$x_i \in [0,1], \quad \forall i \in I \tag{2.12}$$

$$q_t^\omega \in \{0,1\}, \quad \forall t \in T, \forall \omega \in \Omega \tag{2.13}$$

规划（P2-4）的目标函数中，p_ω 为攻击者类型 ω 出现的可能性，V_d^ω 为防御者应对攻击者类型 ω 获取的收益。约束（2.8）与（2.12）对应着防御者的混合策略，约束（2.9）与（2.13）对应着攻击者类型 ω 的攻击策略（攻击者以纯策略进行攻击，且只选择一个目标进行攻击）。约束（2.10）与（2.11）分别对应着攻击者与防御者的最佳响应策略，其中 M 为一个很大的常数。

    DOBSS 算法的主要问题在于，防御者的混合策略集合在目标个数以及资源数目增多时规模随之变大，使算法的运行速度变得缓慢。而防御者的混合策略可以用紧凑的形式表达出来，紧凑形式下的防御者策略维度仅与目标数目有关。故在 DOBSS 算法的基础上将防御者的混合策略通过紧凑形式进行表述，有了 ERASER 算法。ERASER 算法的优化模型如（P2-5）所示。

$$\max_{c,V_d,q,V_a} \sum_p p_\omega V_d^\omega \tag{P2-5}$$

$$\text{s.t.} \sum_{t\in T} c_t \leqslant m , \tag{2.14}$$

$$\sum_{t\in T} q_t^\omega = 1 , \quad \forall \omega \in \Omega , \tag{2.15}$$

$$0 \leqslant V_a^\omega - U_a^\omega(c,t) \leqslant (1-q_t^\omega) \cdot M , \quad \forall t\in T, \forall \omega \in \Omega , \tag{2.16}$$

$$V_d^\omega - U_d^\omega(c,t) \leqslant (1-q_t^\omega) \cdot M , \quad \forall t\in T, \forall \omega \in \Omega , \tag{2.17}$$

$$c_t \in [0,1] , \quad \forall t\in T , \tag{2.18}$$

$$q_t^\omega \in \{0,1\} , \quad \forall t\in T, \forall \omega \in \Omega . \tag{2.19}$$

2.2.4　攻击者行为模型

    攻击者的行为模型在安全博弈中起着至关重要的作用，因为防御者的收益与攻击者的行为息息相关。准确预测攻击者的行为并进行合理的建模，对于安全博弈的研究具有重要的意义。在 2.2.3 节中介绍的求解 SSE 的三个算法中，通常都假设攻击者是完全理性的，即只选择最佳响应策略进行攻击。而现实情况中，攻击者往往是不完全理性的，甚至是完全随性地采取策略，没有任何计划。在这样的情况下，攻击者选择最佳响应策略的可能性并非百分之百。此时在完全理性攻击者的假设下为防御者设计的保护策略在实际情况中效果并不好。目前，考虑到攻击者的不完全理性行为，为了预测攻击者偏移最佳响应策略的可能性情况，目前模型主要有量子响应 QR（Quantal Response）[14-19]模型与主观效用量子响应 SUQR（Subjective Utility Quantal Response）[20-21]模型。在野生动物保护领域，研究者通过逻辑模型（logistic model）[23]去预测偷猎者的行为。

在 QR 行为模型中，能够带给攻击者较高收益的策略将会以较大的概率被选中。令 q_t 为攻击者选择目标 t 的概率，则 $q_t = \dfrac{e^{\lambda U_a(c,t)}}{\sum_{t'} e^{\lambda U_a(c,t')}}$，其中 $U_a(c,t) = c_t P_t^a + (1-c_t) R_t^a$。参数 λ 表示攻击者的理性程度，λ 越大，表示攻击者的理性程度越高，λ 取值为 0 时，攻击者以相同的概率选择策略，随意度最大，理性程度最低。

SUQR 行为模型是在 QR 模型结合人类的主观效用发展而来，其中主观效用是一系列影响行为决策因素的加权值。在安全博弈中，影响主观效用的因素通常包括防御者在目标 t 的覆盖概率大小 c_t，攻击者在该目标 t 上获得的收益 R_t^a 与惩罚 P_t^a。SUQR 行为模型考虑这些因素的线性加权结果对攻击者行为决策的影响。类似于 QR 模型下的攻击概率，SUQR 行为模型下攻击者选择目标 t 的概率可计算为：$q_t = \dfrac{e^{\alpha_1 c_t + \alpha_2 R_t^a + \alpha_3 P_t^a}}{\sum_{t'} e^{\alpha_1 c_{t'} + \alpha_2 R_{t'}^a + \alpha_3 P_{t'}^a}}$，其中 $0 \leqslant \alpha_1, \alpha_2, \alpha_3 \leqslant 1, \alpha_1 + \alpha_2 + \alpha_3 = 1$。SUQR 在具体的实际场景中进行应用时，可以考虑将更多的因素进行加权。例如，在野生动物保护背景下，攻击者选择目标的可能性大小除去受参数 c_t、R_t^a 和 P_t^a 的影响外，还受到目标所在区域的动物密度、人口密度等影响。类似地，可将这些因素集中加权考虑。

野生动物保护领域的 logistic 行为模型相比于 SUQR/QR 模型，其优势在于预测每个目标被攻击的概率与其他目标是相互独立的。依据前述对绿色安全博弈的介绍，野生动物保护中的安全博弈模型通常为多轮博弈。攻击者在当前阶段的行动不仅受当前阶段防御者对目标资源覆盖情况以及当前阶段各个目标特征的影响，还受到上一阶段自身行动的影响。这是因为攻击者更倾向于攻击自己之前攻击过的目标。在 logistic 攻击行为模型中，当博弈进行到第 L 阶段时，

攻击者攻击目标 t 的概率可计算为：$prob(q_{L,t} = 1 | q_{L-1,t}, c_{L,t}, C_{L,t}) = \dfrac{e^{\lambda[q_{L-1,t}, c_{L,t}, C_{L,t}, 1]}}{1 + e^{\lambda[q_{L-1,t}, c_{L,t}, C_{L,t}, 1]}}$。其中，$q_{L,t} = 1$ 表示在 L 阶段时，目标 t 被攻击，$C_{L,t}$ 为目标 t 在博弈进行到 L 轮时的特征集，例如该目标所在区域的动物密集度、人口密度或者是植被情况等。

现实生活场景中存在一种类型的攻击者，该攻击者与防御者是完全对抗的（Fully Adversarial），即他只关心如何采取策略让防御者损失最大或者利益最小。此类型攻击者采取策略的规则为：若博弈的效用通过收益来衡量，则攻击者选择 minimax 策略，即最小化防御者的最大收益；若博弈的效用通过后悔值来衡量，则攻击者选取 maximin 策略，即最大化防御者的后悔值，该后悔值来自防御者对攻击者行为上的不确定性。由于不确定性因素的存在，防御者采取的策略与最佳策略之间的差别定义为防御者的后悔值。

2.3　最坏情况分析方法

最坏情况分析方法（Worst-case Analysis）[127-129]是处理不确定性问题很直接的方法，直译过来是：当存在疑问的时候，不妨考虑最差的情况（When in doubt, assume the worst）。

本研究将介绍 Hlaváček 提出的最坏情况分析方法的抽象数学模型，该模型可处理一些应对不确定性约束的问题。模型主要包括三部分，分别为：

（1）状态变量 u。

（2）满足条件的输入数据集合 U_{ad}。

（3）准则函数 $\Phi = \Phi(A; u)$，其中 $A \in U_{ad}$。

在该设定下，不确定性因素来自输出数据 A：集合 U_{ad} 中的哪些元素将会被观察到是未知的，进而哪个状态将会被观察到也是未知的。

假设准则函数 $\Phi(A;u)$ 的值取值越小越好，则最坏情况对应的准则函数是在集合 U_{ad} 中选择一个 A 使其取值最大，即满足：

$$A^0 := \mathrm{argmax}_{A \in U_{ad}} \Phi(A;u(A)) \qquad (2.20)$$

换句话说，该方法将"When in doubt，assume the worst"的思想转化为求解 A 真实值的不确定性问题。

不失一般性，在遇到求解的问题为准则函数越大越好时，最坏情况分析方法可以描述为：

$$z^* := \min_{u \in U} f(u) \qquad (2.21)$$

其中 U 表示不确定性集合，f 为准则函数。类似地，在遇到求解的问题为准则函数越小越好时，（2.21）中的 min 被 max 代替。

在 von Neumann's 的经典博弈论研究取得较大发展后，最坏情况分析的思想在决策理论、统计学、运筹学、经济学等领域得到了广泛应用，其中著名的最大最小化（maximin）方法就是采用了最坏情况分析方法的思想。

最大最小化（maximin）是处理决策理论中不确定性问题的经典数学模型，该方法的思想是，将所有可能的最差结果进行排序，最终选择其中一个最好的最差结果。同样地，最大最小化（maximin）方法包括三部分：

（1）决策空间 D，该集合包括决策者所有可能的决策变量。

（2）状态空间 $S(d) \subseteq S, d \in D$。$S(d)$ 表示决策 $d \in D$ 对应的状态，S 表示状态空间。

（3）映射在 $D \times S$ 上的值函数 f。$f(d,s)$ 表示在决策 — 状态对 (d,s) 上的目标函数值。

决策过程可描述为：决策者要做出能够优化目标函数 f 的决策，然而 f 的值同时依赖于决策者的决策变量 d 与自然选择的状态变量 s。自然作为决策者的对手，他将选择最不利于决策者的状态 s。此时，若决策者要最大化目标函数，则对手自然将最小化目标函数。反之，若决策者要最小化目标函数，则自然将去最大化目标函数。对应的式子分别描述为：

$$\text{maximin model:} \quad z^* = \max_{d \in D} \min_{s \in S(d)} f(d,s) \qquad (2.22)$$

$$\text{minimax model:} \quad z^\circ = \min_{d \in D} \max_{s \in S(d)} f(d,s) \qquad (2.23)$$

式（2.22）与（2.23）可分别等价表达为：

$$\text{maximin model:} \quad z^* = \max_{d \in D, v \in R} \{v : v \leqslant f(d,s), \forall s \in S(d)\} \qquad (2.24)$$

$$\text{minimax model:} \quad z^\circ = \min_{d \in D, v \in R} \{v : v \geqslant f(d,s), \forall s \in S(d)\} \qquad (2.25)$$

2.4 信号博弈

信号博弈（Signaling Games）[2,130]是一种应用较为广泛的不完全信息动态博弈。信号博弈的参与人包括信号发出者（Sender）和信号接收者（Receiver），其中信号发出者的类型仅对自己可知，而信号接收者的类型对于博弈参与人是公开的。

信号博弈具体时序如下：

（1）"自然"首先选择信号发出者的类型 $\theta \in \Theta$，信号发出者知道具体的 θ，但信号接收者不知道具体的 θ，仅知道信号发出者属于 θ 的先验概率为 $p(\theta)$，满足：$\sum_{\theta \in \Theta} p(\theta) = 1$。

（2）信号发出者观察到"自然"的选择 θ 后，从可行的信号集合中选择发出信号 s。

（3）信号接收者观察不到自然的选择，但可以观察到信号 s，并依据贝叶斯法则将先验概率 $p(\theta)$ 更新为后验概率 $\mu(\theta|s)$，进而选择自己的行动 s_F。

（4）博弈双方依据共同决策得到各自的收益 $U_L(s,\theta,s_F,), U_F(s,\theta,s_F)$。

信号博弈体现了博弈参与人之间的"信息传递性"，这是因为自然选择的信号发出者类型决定了信号发出者的信号策略，而信号发出者作为先行动者，其行动等价于将信息传递给信号接收者，同时使得信号接收者依据接收的信号选择行动。信号博弈实际上为不完全信息下的斯塔克尔伯格博弈，其中信号发出者为领导者，信号接收者为跟随者。当信号发出者发出信号时，他推理到信号接收者会依据他发出的信号更改对自己类型的判断，因此选择一个最优的信号策略。而信号接收者知道信号发出者的策略是依据自然给定的类型结合信号效应后做出的最优策略，因此信号接收者会依据贝叶斯法则首先更改对信号发出者类型的判断，再选择最优行动。

信号博弈的均衡解定义为完美贝叶斯均衡解 PBE（Perfect Bayesian Equilibrium），具体地由定义 2.4 给出。

定义 2.4　信号发出者与信号接收者的策略对 $[s^*(\theta), s_F^*(\theta)]$ 以及后验概率 $\mu(\theta|s)$ 的组合构成信号博弈的 PBE 当且仅当：

（1）$s_F^*(\theta) \in \mathrm{argmax}_{s_F} \sum_\theta \mu(\theta|s) U_F(s, \theta, s_F)$；

（2）$s^*(\theta) \in \mathrm{argmax}_s U_L(s, \theta, s_F^*(\theta))$；

（3）$\mu(\theta|s) = \dfrac{p(\theta)s^*(\theta)}{\sum_{\theta' \in \Theta} p(\theta')s^*(\theta')}$，若 $\sum_{\theta' \in \Theta} p(\theta')s^*(\theta') > 0$；$\mu(\theta|s)$ 为类型集合 Θ 上的任意概率分布，若 $\sum_{\theta' \in \Theta} p(\theta')s^*(\theta') = 0$。

信号博弈的三种 PBE 形式如下：

分离均衡（Separating Equilibrium）是指不同类型的信号发出者选择发出不同的信号。这意味着信号可以直接揭示信号发出者的类型。假设信号发出者可能存在两种类型 $\{\theta_1, \theta_2\}$，信号集合为 $\{s=1, s=2\}$。此时，分离均衡意味着如果信号 $s=1$ 为类型 θ_1 的最优选择，则信号 $s=1$ 就不能为 θ_2 的最优选择，且 $s=2$ 一定为类型 θ_2 的最优选择。具体可表达为：

$$U_L[s=1, \theta_1, s_F^*(s)] > U_L[s=2, \theta_1, s_F^*(s)],$$
$$U_L[s=2, \theta_2, s_F^*(s)] > U_L[s=1, \theta_2, s_F^*(s)]. \tag{2.26}$$

信号接收者的后验修正概率为：

$$\mu(\theta_1|s=1)=1, \mu(\theta_1|s=2)=0,$$
$$\mu(\theta_2|s=1)=0, \mu(\theta_2|s=2)=1. \tag{2.27}$$

混同均衡（Pooling Equilibrium）是指不同类型的信号发出者发出相同的

信号，这意味着信号发出者类型与信号之间没有明确的界限。在该均衡中，相同的信号使得信号接收者不能完全判断出信号发出者的类型，换句话说，相同的信号没有提供可以更改先验概率的信息。假设 $s=1$ 为信号发出者的均衡策略，则满足：

$$U_L(s=1,\theta_1,s_F^*(s)) \geqslant U_L[s \setminus s=1,\theta_1,s_F^*(s)],$$
$$U_L(s=1,\theta_2,s_F^*(s)) \geqslant U_L[s \setminus s=1,\theta_2,s_F^*(s)], \qquad (2.28)$$
$$\mu(\theta|s) = p(\theta), \theta \in \{\theta_1,\theta_2\}.$$

准分离均衡（Semi-separating Equilibrium）是指信号发出者类型集合中某些类型的信号发出者选择信号较为随机，而另一些类型的信号发出者仅选择特定的信号。若类型 θ_1 的信号发出者随机选择信号 $s=1$ 或者 $s=2$，类型为 θ_2 的信号接收者以概率 1 选择特定的信号 $s=2$。则均衡解有以下形式：

$$U_L[s=1,\theta_1,s_F^*(s)] \geqslant U_L[s=2,\theta_1,s_F^*(s)],$$
$$U_L[s=1,\theta_2,s_F^*(s)] < U_L[s=2,\theta_2,s_F^*(s)],$$
$$\mu(\theta_1|s=1) = \frac{\alpha \times p(\theta_1)}{\alpha \times p(\theta_1) + 0 \times p(\theta_2)} = 1,$$
$$\mu(\theta_1|s=2) = \frac{(1-\alpha) \times p(\theta_1)}{(1-\alpha) \times p(\theta_1) + 1 \times p(\theta_2)} < p(\theta_1),$$
$$\mu(\theta_2|s=2) = \frac{1 \times p(\theta_2)}{(1-\alpha) \times p(\theta_1) + 1 \times p(\theta_2)} > p(\theta_2).$$

这意味着，信号接收者若观察到的信号为 $s=1$，则会百分百确定信号发出者的类型为 θ_1，而若是观察到的信号为 $s=2$，则判断出信号发出者的类型为 θ_2 的可能性会增大，而信号发出者的类型为 θ_1 的可能性会降低。

2.5　本章小结

本章首先介绍了斯塔克尔伯格博弈的基础要素，为安全博弈模型的建立奠定了基础。其次详细介绍了安全博弈模型的基本特征，均衡解的形式及性质，并介绍了求解 SSE 的三种主要算法以及攻击者的主要行为模型。进而详细介绍了处理不确定性情况的最差情况分析法，该方法是第 4 章用到的主要方法。最后介绍了信号博弈的相关知识及其三种精炼贝叶斯均衡，为第 6 章虚张声势安全博弈模型的建立奠定了基础。这些预备知识为本书的后续研究提供了理论和技术上的支持。

第 3 章　单防御者 vs 单攻击者安全博弈场景中的均衡解研究

3.1 引　言

近年来，无线通信技术得到了前所未有的发展，但是在通信安全方面也面临着巨大的挑战。在无线通信中，窃听者能够在不被感知的情况下获取到合法信息。通信信道主要遭受的两种攻击形式有被动窃听与主动攻击。在被动窃听下，攻击者的目的在于截取私密信息，而不是在信道中主动注入信号去篡改信息。而在主动攻击下，攻击者会蓄意修改信号数据，在通信系统中注入攻击信号从而扰乱整个系统。应对主动攻击是通信安全领域面临的一项挑战性任务。主动攻击主要表现出两个特性：（1）复杂性。主动攻击的特征难以掌控。它可能随时间发生变化，展现出"时变"的特性，从而给通信信道带来许多未知因素。（2）多样性。主动攻击的方式具有多样性，例如伪造信号和中断信号传播。

本研究主要考虑其中一种典型的主动攻击方式——主动时变攻击 ATV（Active Time-Varying）。在 ATV 攻击方式下，攻击者的攻击策略随时间发生变化。时变的特性意味着整个信道对于信号接收者具有许多未知的变量，从而使得信号接收者无法完全掌握信道的特性，在估计信道增益时不可避免地会有失误。现阶段应对 ATV 攻击的传统方法是将信号进行加密，以增加攻击者获取信息的难度。但是加密技术在开放的无线网络中同时面临着攻击者计算能力的不断增强与设备资源有限的双重挑战。除去加密技术，另外一个有效的方法是主动恶化通信信道，提高攻击者窃取信息的错误率，其中基于节点间协作的人工加扰技术是主要方式之一。人工加扰技术是通过友好干扰节点发送人工噪声恶化通信信道来保障通信安全。然而，目前的研究大多假设友好节点在发送人工噪声时是无私的，为通信安全提供无偿的帮助。这与事实不符，因为友好节点在发送人工噪声时需要消耗自身的功率，进而通信系统需要向友好干扰节点支付一些额外的花费。

　　本研究考虑通过友好干扰节点发送人工噪声的方法应对 ATV 攻击，并将友好干扰节点的额外花费考虑进来，旨在建立优化模型尽可能地减少通信系统损失。由于人工噪声同时会干扰信号接收者对信道的判断，因此在确定人工噪声功率时需要对人工噪声给通信系统带来的积极作用与消极作用之间进行权衡。本研究将整个通信系统作为防御者，建立了通信系统与 ATV 攻击者之间的斯塔克尔伯格安全博弈模型，其中通信系统作为防御者首先向信道中添加人工干扰策略，攻击者观察后再选择攻击策略。进而本研究提出一种新颖的算法降低了求解强斯塔克尔伯格均衡解搜索空间的规模，该算法将 $M-$维问题转化为 M 个 $1-$维子问题，从而降低了算法复杂度。最后本研究与攻击者不具备高度战略性时防御者的应对策略进行了比较，结果显示安全博弈模型给出的防御者策略在降低系统损失方面有显著效果。

3.2　单防御者 vs 单攻击者安全博弈模型

3.2.1　主动时变攻击

　　主动时变攻击（Active Time-Varying attacks）具体表现为攻击者的攻击策略随时间发生变化，该时变特性给整个通信系统带来了许多不确定性，信号接收者无法完全掌握信道的特性，进而面临一个未知的信道。ATV 攻击对通信系统造成的影响可以看作一种乘性噪音，使得整个信道带有衰减特性。时变攻击下的信道特性可表示为图 3.1 的数学模型。

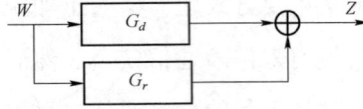

图 3.1　时变攻击下的通信信道数学模型

在图 3.1 中，W 为输入信号，Z 为输出信号，G_d 与 G_r 分别表示时变攻击下信道可变因素的确定性变量与随机性分量。G_r 为方差大于 0 的随机变量，表现了攻击者策略的可变性与随机性，即时变特性。

3.2.2　博弈场景设定

本节将介绍通信系统与 ATV 攻击者之间的攻防安全博弈模型。表 3.1 列出了本节中使用到的符号。

表 3.1　符号列表

变量	定义
W_j	信号发送者在信道 j 发出的信号
N_j	在信道 j 添加的人工噪声
Z_j	信号接收者在信道 j 接收的信号
M	信道的数量
$\sigma_{W_j}^2$	信号的能量
p_j	噪声的功率
G	信道增益
G_d	信道遭受 ATV 攻击后可变因素的确定性分量
G_r	信道遭受 ATV 攻击后可变因素的随机分量
$I(Z;W)$	Z 与 W 的互信息
l_j^T	信道 j 被攻击后的损失
l_j^N	信道 j 未被攻击的损失
p_j^T	信道 j 被攻击时功率 p_j 的最优取值
p_j^N	信道 j 未被攻击时功率 p_j 的最优取值

考虑图 3.2 所示的 M 个平行、离散无记忆的加性高斯噪声信道，其中每个信道都包含一个发送节点、一个接收节点与一个人工噪声干扰节点。

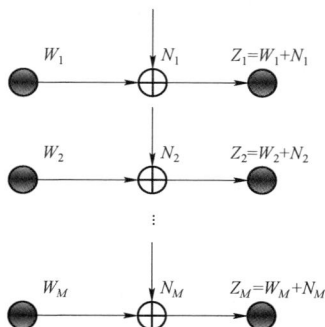

图 3.2　M 个平行、离散无记忆的加性高斯噪声信道

本研究以一个形象化的场景描述博弈情形。在发送节点，Alice 想要通过信道传递信号给位于接收节点的 Bob。在整个传输过程中，信道可能会遭受攻击者 Eve 的恶意攻击。Eve 会主动发出恶意信号并且其攻击策略随时间发生变化。在 Eve 发出 ATV 攻击时，Alice 和 Bob 不能准确获知 Eve 的行为策略进而在估计信道增益时面临许多不确定性。为保护通信系统，本研究考虑人工加扰的方式，通过在通信信道中添加人工噪声 AN（Artificial Noise）以干扰攻击者 Eve。每个信道添加的人工噪声功率分别为 $p_1, p_2, \cdots, p_M$。添加人工噪声等价于在通信系统添加了人工干扰节点，Jammer 在该节点上发出人工噪声信号。

每个信道都被加入合适功率的人工噪声。噪声的功率决定了攻击者从该信道中获取信息的数量。人工噪声的功率越大，攻击者获取有用信息的数量越少，但是同时也会给系统带来一定的损失。添加人工噪声的节点不可能"无偿"为系统服务，等价于系统"雇佣"Jammer 在人工节点上发出人工干扰信号。节点之间的关系可通过图 3.3 形象表示。

人工噪声是一种不依赖于原始信号的可加性信号。ATV 攻击者对信道造成的随机性因素可视为乘性噪声。本研究对于问题的分析基于以下假设：

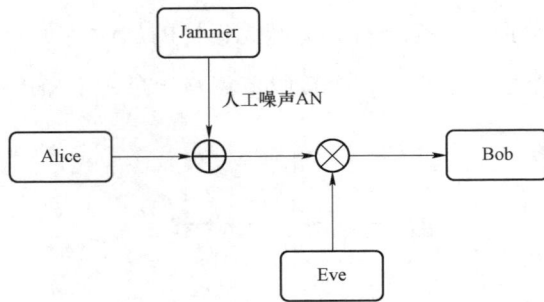

图 3.3　节点之间的关系

（1）输入信号 W_j 满足 $E(W_j) \leqslant \sigma_W^2$ 。

（2）信道中添加的信号为高斯信号，即 $N_j \sim \text{Gaussian}(0, p_j)$ 。

（3）人工噪声为可加性噪声，ATV 攻击带给信道的影响为乘性干扰。

3.2.3　攻防安全博弈模型

3.2.3.1　博弈参与者

本研究建立了 ATV 攻击者 Eve 与 Alice、Bob 和 Jammer 组成的通信系统之间的攻防安全博弈模型。通信系统扮演着防御者的角色，ATV 攻击者扮演着攻击者的角色。

3.2.3.2　策略

通信系统作为防御者，其主要防护策略为在有限能量 ε 的约束下，决定每个通信信道的人工噪声功率 P 。对于 ATV 攻击者，由于有限资源与时间的约束，其攻击策略为在信道集合中选取部分信道进行攻击。攻击者是完全理性且完全对抗性地采取策略，即攻击者只关心如何增加防御者的损失。在完全对抗性的攻击行为下，ATV 攻击者会选择部分信道 Γ 作为最佳响应策略，$|\Gamma| \leqslant M$ ，该集合 Γ 中的信道能带给攻击者最大的期望收益。

依据信道是否遭受 ATV 攻击，可将其分为图 3.4 所示的两类：

（a）类 1：信道中添加了人工噪声，但未被攻击；

（b）类 2：信道中添加了人工噪声且遭受了 ATV 攻击。

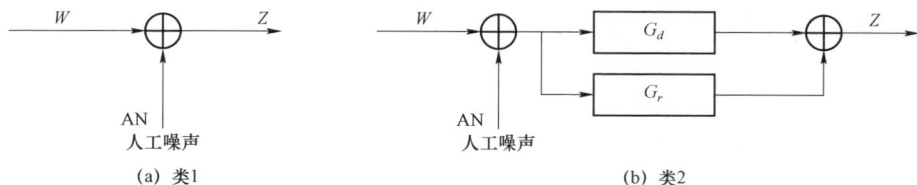

图 3.4　信道的分类

随机变量 $G = G_d + G_r$ 满足如下约束条件：

$$E(G) = G_d, E(G_r) = 0, E(G_r^2) = \sigma_G^2 \tag{3.1}$$

其中，σ_G^2 表示随机变量 G_r 的方差，描述了 ATV 攻击的时变特征。

基于本研究的假设，类 1 中的信号接收者 Bob 收到的信号 Z 满足：$Z = W + N$。类似地，类 2 中的 Bob 收到的信号 Z 满足：$Z = (W + N)G$。攻击者 Eve 收到的信号 $Z' = W + N$。

3.2.3.3　博弈参与人收益

给定防御者与攻击者的策略对 $\langle \boldsymbol{P}, \Gamma \rangle$，攻击者的收益可计算为

$$U_a = \sum_{j \in \Gamma} I(Z'_j; W_j) \tag{3.2}$$

对于防御者，其损失来自三个方面：① ATV 攻击者的收益是防御者损失的一部分；② 当信道遭受 ATV 攻击时，信道中的未知变量会使得信号接收者对信息有所误判。该情况下防御者的损失可计算为：$I(Z_j; W_j | G) - I(Z_j; W_j)$；③ 由于添加人工噪声需要在系统中"雇佣"人工干扰节点，该节点的服务不是无偿的。此时防御者的损失可计算为 $\gamma \cdot p$，其中 p 表示人工噪声的功率，γ 表示每功率的噪声需要"支付"给干扰节点的"薪水"。

综上，在信道 j 未被攻击的情况下，防御者的损失来自雇佣 Jammer 的花销，l_j^N 可计算为：

$$l_j^N = \gamma_j p_j \tag{3.3}$$

信道 j 被攻击时，防御者的损失是三方面损失的和，可计算为：

$$l_j^T = I(Z_j';W_j) + \{I(Z_j;W_j|G) - I(Z_j;W_j)\} + \gamma_j p_j \tag{3.4}$$

将所有的信道全部考虑，防御者的损失可最终表示为：

$$\begin{aligned}
L_d &= \sum_{j \in \Gamma} l_j^T + \sum_{j \notin \Gamma} l_j^N \\
&= U_a + \sum_{j \in \Gamma} \{I(Z_j;W_j|G) - I(Z_j;W_j)\} + \sum_{j \in M} \gamma_j p_j \\
&= \sum_{j \in \Gamma} I(Z_j';W_j) + \sum_{j \in \Gamma} \{I(Z_j;W_j|G) - I(Z_j;W_j)\} + \sum_{j \in M} \gamma_j p_j
\end{aligned} \tag{3.5}$$

防御者的目的是选择最佳人工干扰策略使得自身的损失 L_d 达到最小，故本研究在人工干扰噪声受功率约束的情况下建立了优化模型（P3-1）。

$$\min L_d$$
$$\sum_{j=1}^{M} p_j \leqslant \varepsilon \tag{P3-1}$$

为计算 L_d，首先需要介绍文献［109］给出的两个定理。

定理 3.1 对于满足条件 $\int_{-\infty}^{\infty} w^2 p(w)\mathrm{d}w = A$ 的所有选择的可能性情况 $p(w)$，其熵 $H(W) = -\int_{-\infty}^{\infty} p(w)\ln p(w)\mathrm{d}w$ 的最大值在高斯密度函数 $\varphi_A(w) = \dfrac{1}{\sqrt{2\pi A}} \mathrm{e}^{-\frac{w^2}{2A}}$ 下唯一取得，且最大值为 $H(W) = \dfrac{1}{2}\lg(2\pi e A)$。

定理 3.2 在离散无记忆的加性 Gaussian 噪声信道中，Gaussian 噪声方差为 σ^2，W 和 Z 分别表示输入信号与输出信号且输入信号 W 满足约束：$E(W^2) \leqslant \sigma_w^2$，可得 $I(W;Z) \geqslant \dfrac{1}{2}\lg\left(1 + \dfrac{\sigma_w^2}{\sigma^2}\right)$。

在该场景中，由于攻击者收益是防御者损失 L_d 的一部分，故攻击者采取的最佳响应策略带给自身最大收益的同时也带给防御者最大的损失。此时，可将攻击者在完全理性程度下采取的最佳响应策略视为以完全对抗性方式采取的策略。考虑防御者最差的情况，即攻击者会选择最大化自己的收益。依据定理 3.1，攻击者的收益 $I(Z_j';W_j)$ 可取最大值。攻击者的最大收益可计算为：

$$U_a = \sum_{j \in \Gamma} I(Z'_j; W_j) = \sum_{j \in \Gamma} \frac{1}{2} \lg\left(1 + \frac{\sigma_{w_j}^2}{p_j}\right) \tag{3.6}$$

为方便式子的表达，首先将变量 p_j、Z_j 与 W_j 中的角标 j 省略，即 $I(Z_j; W_j|G)$ 暂时通过 $I(Z; W|G)$ 表达。$I(Z; W|G)$ 具体地可计算为：

$$
\begin{aligned}
I(Z; W|G) &= H(Z|G) - H(Z|W,G) \\
&= E_G(h(z|G=g)) - H(N) \\
&\leqslant E_G\left(\frac{1}{2}\lg(2\pi e g^2(\sigma_W^2 + p))\right) - \frac{1}{2}\lg(2\pi e p) \\
&= \frac{1}{2}\lg\frac{G_d^2 \sigma_W^2 + \sigma_G^2(\sigma_W^2 + p)}{p}
\end{aligned}
\tag{3.7}
$$

依据定理 3.2 可得 Z 与 W 的互信息满足：

$$I(Z; W) = I(W; Z) \geqslant \frac{1}{2}\lg\left(1 + \frac{G_d^2 \sigma_W^2}{\sigma_G^2(\sigma_W^2 + p)}\right) \tag{3.8}$$

依据式（3.7）与式（3.8）可得：

$$I(Z; W|G) - I(Z; W) \leqslant \frac{1}{2}\lg\frac{\sigma_G^2(p + \sigma_W^2)}{p} \tag{3.9}$$

故防御者损失 L_d 的第二部分可计算为：

$$\sum_{j \in \Gamma}\{I(Z_j; W_j|G) - I(Z_j; W_j)\} = \sum_{j \in \Gamma}\frac{1}{2}\lg\frac{\sigma_{G_j}^2(p_j + \sigma_{w_j}^2)}{p_j} \tag{3.10}$$

将式（3.6）与式（3.10）带入到防御者的损失函数 L_d 中，L_d 最终可表达为：

$$L_d = \sum_{j \in \Gamma}\left[\frac{1}{2}\lg\left(1 + \frac{\sigma_{w_j}^2}{p_j}\right) + \frac{1}{2}\lg\frac{\sigma_{G_j}^2(p_j + \sigma_{w_j}^2)}{p_j}\right] + \sum_{j \in M}\gamma_j p_j \tag{3.11}$$

为便于分析，本研究将式（3.11）中的 $\frac{1}{2}\lg\left(1 + \frac{\sigma_{w_j}^2}{p_j}\right)$ 用 $g(p_j)$ 表示，

$\frac{1}{2}\lg\frac{\sigma_{G_j}^2(p_j + \sigma_{w_j}^2)}{p_j} = \frac{1}{2}\lg\sigma_{G_j}^2\left(1 + \frac{\sigma_{w_j}^2}{p_j}\right)$ 用 $h(p_j)$ 表示，则防御者的损失函数 L_d 可

简记为：$L_d = \sum_{j \in \Gamma} g(p_j) + \sum_{j \in \Gamma} h(p_j) + \sum_{j \in M} \gamma_j p_j$。

优化模型（P3-1）可以重写为（P3-2），其中决策变量为人工噪声功率 $\boldsymbol{P}$。

$$\min_{\boldsymbol{P}} \sum_{j \in \Gamma} g(p_j) + \sum_{j \in \Gamma} h(p_j) + \sum_{j \in M} \gamma_j p_j \qquad （P3-2）$$

$$\text{s.t.} \sum_{j=1}^{M} p_j \leqslant \varepsilon$$

3.2.3.4 博弈均衡解

本研究旨在计算攻击者的最佳响应策略以及防御者的最佳防护策略从而得到攻防安全博弈模型的强斯塔克尔伯格均衡解。

定义 3.1 一个攻击者的策略被称为最佳响应策略，当且仅当给定防御者的策略后，该攻击策略能够最大化攻击者的收益。

定义 3.2 一个防御者的策略被称为最佳响应策略，当且仅当给定攻击者会以最佳响应策略应对时，该防御者策略能够最小化自身的损失。

根据定义 3.1，攻击者的最佳响应策略能带给自身最大的收益。根据式（3.6）可得，攻击者选择最佳响应策略时是选取 $g(p_j)$ 取值最大的信道。根据 SSE 的定义 2.3，攻击者与防御者分别选取最佳响应策略，且攻击者在多个最佳响应策略中会选择对防御者较好的策略进行攻击。在本研究中，ATV 攻击者面临多个最佳响应策略，意味着存在多个信道子集能够带给攻击者相同的收益 U_a。根据防御者的损失函数 L_d，多个信道子集在收益 U_a 取值相同时，对应的防御者损失 L_d 取值也相同。故本研究假设攻击者以任意的方式打破平局。

在本研究中，求解 SSE 面临着两个挑战：① 防御者的策略是向 M 个信道中添加人工噪音，故策略 $\boldsymbol{P}$ 是 M 维的，且向量 $\boldsymbol{P}$ 的每一个元素 p_j 都是连续的；② 规划（P3-2）为非线性规划。为简化问题的计算，本研究引入两个

变量 p_j^T 与 p_j^N，记 p_j^T 能够使得最佳响应策略 Γ 中信道 j 的损失 l_j 取值最小，p_j^N 能够使得不在最佳响应策略 Γ 中信道 j 的损失 l_j 取值最小。即对于任意的信道 j，$p_j^T \in \mathrm{argmin} l_j^T$，$p_j^N \in \mathrm{argmin} l_j^N$。

3.2.4 攻防安全博弈模型求解算法

3.2.4.1 最优防御策略子问题

本节首先考虑一个重要的最优防御策略子问题。假设给定一个信道集合 Γ，Γ 为 M 个信道的子集，本研究的目的在于寻找信道集合 Γ 作为攻击者的最佳响应策略时防御者的最优防御策略。换句话说，最佳防御策略的搜索空间可以限制在能够带给攻击者最大收益的集合 Γ 上。

首先考虑一种特殊的情况，集合 Γ 中信道的参数与剩余信道的参数完全不同时，即不等式 $\min_{j \in \Gamma} g(p_j^T) \geqslant \max_{j \notin \Gamma} g(p_j^N)$ 成立时，防御者最佳防御策略应具备的特征。

命题 3.1 假定攻击者的最佳响应策略 Γ 给定，防御者旨在寻找应对 Γ 的最佳防御策略。若 $\min_{j \in \Gamma} g(p_j^T) \geqslant \max_{j \notin \Gamma} g(p_j^N)$，则防御者的最佳策略为对最佳响应策略 Γ 中的每个信道 j 选择人工噪声功率为 p_j^T，对不属于 Γ 集合的每个信道 j 选择添加人工噪声功率 p_j^N。

证明 根据最佳响应策略 Γ 的定义，Γ 中的信道是 $g(p_j)$ 取值最大的信道，故 $\min_{j \in \Gamma} g(p_j) \geqslant \max_{j \notin \Gamma} g(p_j)$ 成立。根据 p_j^T 与 p_j^N 的定义，p_j^T 是集合 Γ 中信道 p_j 的最优值，p_j^N 是集合 Γ 外信道 p_j 的最优值，而防御者的损失是所有信道损失之和。由于 $\min_{j \in \Gamma} g(p_j^T) \geqslant \max_{j \notin \Gamma} g(p_j^N)$，此时选取 $p_j^T, \forall j \in \Gamma$；$p_j^N, \forall j \notin \Gamma$ 可使得 $L_d = \sum_{j \in \Gamma} l_j^T + \sum_{j \notin \Gamma} l_j^N$ 取得最小值。

由命题 3.1 给出的策略对 $\langle \boldsymbol{P}, \Gamma \rangle$ 实际上是博弈的唯一纳什均衡解，这是因为 $\boldsymbol{P}$ 与 Γ 互为彼此的最佳响应策略。

命题 3.1 对于满足条件 $\min_{j\in\Gamma}g(p_j^{\mathrm{T}})\geqslant\max_{j\notin\Gamma}g(p_j^{N})$ 的防御者最佳策略给出了详细的形式及特征。接下来，本研究考虑一种一般情况，即不等式 $\min_{j\in\Gamma}g(p_j^{\mathrm{T}})\geqslant\max_{j\notin\Gamma}g(p_j^{N})$ 并不一定成立时防御者最优策略的形式。

定理 3.3 假定攻击者的最佳响应策略 Γ 给定，防御者旨在寻找应对 Γ 的最佳防御策略。则在防御者的最佳防御策略中，存在一个参数 α 满足：

（1）对于最佳响应策略 Γ 中的信道 j，若 $g(p_j^{\mathrm{T}})>\alpha$，则 $p_j=p_j^{\mathrm{T}}$，否则 $g(p_j)=\alpha$。

（2）对于不属于最佳响应策略 Γ 中的信道 j，若 $g(p_j^{N})<\alpha$，则 $p_j=p_j^{N}$，否则 $g(p_j)=\alpha$。

证明 根据命题 3.1 可知，$\min_{j\in\Gamma}g(p_j)\geqslant\max_{j\notin\Gamma}g(p_j)$ 是集合 Γ 构成攻击者最佳响应策略的充分必要条件。

若 $j\in\Gamma$，设 $\alpha=\max_{j\notin\Gamma}g(p_j)$。若 $g(p_j^{\mathrm{T}})\geqslant\alpha$，根据 p_j^{T} 的定义，p_j^{T} 可保证防御者在信道 j 的损失达到最小且同时保证信道 j 位于集合 Γ 中，则 p_j^{T} 为信道 j 的最优选择。若 $g(p_j^{\mathrm{T}})<\alpha$，信道 j 为最佳响应策略的条件不满足，此时可设 $g(p_j)=\alpha$，求得的 $p_j=g^{-}(\alpha)$ 即为防御者的最佳选择。这是因为 $g^{-}(\alpha)$ 可保证信道 j 为攻击者最佳响应策略的同时能够保证防御者损失的增大程度最小。

若 $j\notin\Gamma$，设 $\alpha=\min_{j\in\Gamma}g(p_j)$。若 $g(p_j^{N})\leqslant\alpha$，根据 p_j^{N} 的定义，p_j^{N} 可保证防御者在信道 j 的损失达到最小且同时保证信道 j 位于集合 Γ 之外，此时 p_j^{N} 为信道 j 的最优选择。若 $g(p_j^{N})>\alpha$，信道 j 位于最佳响应策略 Γ 之外的条件不满足，此时设 $g(p_j)=\alpha$ 求得的 $p_j=g^{-}(\alpha)$ 在保证信道 j 位于最佳响应策略 Γ 之外的同时可使得防御者损失达到最小。

依据定理 3.3，每个信道存在四种可能性情况。若信道 j 位于攻击者的最佳响应策略中 Γ 中，且对应的 $g(p_j^{\mathrm{T}})$ 的取值足够大，那么在该信道的人工噪声添加功率 p_j 即为 p_j^{T}。否则，对于位于集合 Γ 但是 $g(p_j^{\mathrm{T}})$ 取值较小的信道，

可以根据等式 $g(p_j^T) = \alpha$ 求出人工噪声功率。类似地，若信道 j 未在攻击者的最佳响应策略 Γ 中，且对应的 $g(p_j^N)$ 足够小，那么在该信道的人工噪声添加功率 p_j 即为 p_j^N。否则，对于位于集合 Γ 之外但是 $g(p_j^N)$ 的取值较大的信道，可以根据等式 $g(p_j^N) = \alpha$ 求出人工噪声功率。图 3.5 形象描述了这四种情况。在图 3.5 中，○表示 $g(p_j^N)$ 的取值，△表示表示 $g(p_j^T)$ 的取值。信道 3，4 位于最佳响应策略 Γ 中。▲与●分别表示信道集合 Γ 中以及 Γ 外 $g(p_j)$ 的最终取值。

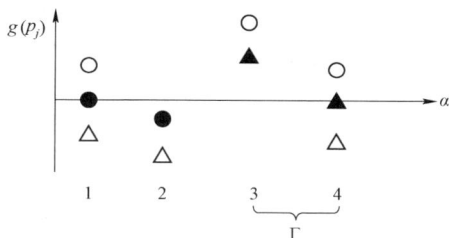

图 3.5　定理 3.3 的示意图

3.2.4.2　最优防御者策略

依据定理 3.3 的分析，给定攻击者的最佳响应策略 Γ 后，可以依据二分搜索方法寻找出最优的 α 值。通过在规模为 $|\Gamma|$ 的信道子集上进行迭代，求解对应的子问题，最后可求得防御者的最佳防御策略。

然而，攻击者所有可能的最佳响应策略个数随着 $|\Gamma|$ 的增大而呈指数增长。但是，当攻击者可攻击的信道数目非常有限时，穷举搜索可以用来寻找出攻击者的最佳响应策略。例如在 $|\Gamma| = 1$ 的情况下，迭代的区间即为信道集合。

依据定理 3.3，防御者最佳防御策略下在每个信道 j 中添加的人工噪声功率 p_j 要么为 p_j^T，要么为 p_j^N，要么为 $g^{-}(\alpha)$。对于最佳响应策略未提前给定的一般情况，本研究给出了参数 α 已知时寻找最优防御策略的算法。

定理 3.4　假设常数 α 给定，对于攻击者的最佳响应策略 Γ，防御者的策

略可在满足 $\max_{j\notin\Gamma} g(p_j)\leqslant\alpha$，$\min_{j\in\Gamma} g(p_j)\geqslant\alpha$ 条件下寻找最优人工噪声添加策略。依此，求解防御者最优策略的算法如下：

（1）对任意不属于最佳响应策略 Γ 的信道 $j\notin\Gamma$，若满足 $g(p_j^N)<\alpha$，则防御者的损失 l_j^N 为 $\gamma_j p_j^N$，否则为 $\gamma_j g^-(\alpha)$。

（2）对任意属于最佳响应策略 Γ 的信道 $j\in\Gamma$，若 $g(p_j^T)>\alpha$，则防御者的损失 l_j^T 为 $g(p_j^T)+h(p_j^T)+\gamma_j p_j$，否则为 $\alpha+h(g^-(\alpha))+\gamma_j g^-(\alpha)$。

（3）对于任意的信道 j，计算 l_j^T 与 l_j^N 之间的差异：$D^j=l_j^T-l_j^N$。

（4）选取 D^j 取值最小的信道作为攻击者的最佳响应策略 Γ。

（5）对任意属于最佳响应策略 Γ 的信道 $j\in\Gamma$，若 $g(p_j^T)>\alpha$，则 $p_j=p_j^T$；否则 $p_j=g^-(\alpha)$。

（6）对任意不属于最佳响应策略 Γ 的信道 $j\notin\Gamma$，若 $g(p_j^N)<\alpha$，则 $p_j=p_j^N$；否则 $p_j=g^-(\alpha)$。

（7）输出防御者的最佳人工噪声添加策略 $\boldsymbol{P}$。

证明 首先考虑步骤（5）～（7）。假设攻击者的最佳响应策略已由步骤（1）～（4）给出，根据定理 3.3 可得，步骤（5）～（6）计算的每个信道的人工噪声添加功率为防御者的最佳策略。故证明步骤（1）～（4）生成的攻击者策略为最佳响应策略是该算法的关键之处。

反证 假设存在一个集合 Γ^* 能够带给防御者更小的损失。记位于集合 Γ 但不在集合 Γ^* 的信道为 j^-，位于集合 Γ^* 但不位于集合 Γ 的信道为 j^+。在攻击者最佳响应策略为 Γ^* 时防御者的损失可计算为：$L_d^*=\sum_{j\in\Gamma^*} l_j^T+\sum_{j\notin\Gamma^*} l_j^N$。则不同集合 Γ 与 Γ^* 带给防御者的损失 L_d 与 L_d^* 之间的差值为：$L_d-L_d^*=\sum_{j\in\Gamma} l_j^T-\sum_{j\in\Gamma^*} l_j^T+\sum_{j\notin\Gamma} l_j^N-\sum_{j\notin\Gamma^*} l_j^N=\sum_{j^-} l_j^T-\sum_{j^+} l_j^T+\sum_{j^+} l_j^N-\sum_{j^-} l_j^N=\sum_{j^-}(l_j^T-l_j^N)-\sum_{j^+}(l_j^T-l_j^N)<0$。这与假设存在一个集合 Γ^* 能够带给防御者更小的损失相矛盾，故步骤（1）～（4）生成的策略为攻击者的最佳响应策略。

3.3　实验及分析

本节将通过实验验证安全博弈模型在通信系统应对 ATV 攻击中的有效性。安全博弈模型框架下，ATV 攻击者选择策略具有高度战略性，而非安全博弈模型下的攻击者选择策略则不具备高度战略性。故本研究将定理 3.4 计算出的防御者人工噪声添加策略与非安全博弈模型下应对非高度战略性攻击策略的防御者应对策略进行了比较。本节中的实验结果都是在 1.60 GHz、Core-8250CPU 和 8 GB 内存的机器上通过 MATLAB 2016a 求解运行出来的。

3.3.1　计算防御者最优策略

从 3.2 节的分析中可得，计算防御者的最优策略等价于寻找参数 α 使得防御者损失最小，即 $\alpha \in \mathrm{argmin} L_d(\alpha)$。

在实验的参数设置中，信道数目为 100，在每个信道中添加的最小人工噪声功率为 0.1。在没有输入约束的情况下，防御者向每个信道输入不同功率的信号。对于输入的信号功率，本研究考虑两种分布类型：正态分布与幂律分布。事实上，输入信号的功率与信道的自信息成比例，这类似于社会中一个人的社会地位与社会成就。通常来说，正态分布在生活中的应用较为广泛，例如人身高与体重的分布就符合正态分布。然而，在某些情况下，就权力而言，只有少数人具有较高的社会地位，而大多数人的社会地位却相对较低。故本研究同时考虑了幂律分布。

参数 γ 表示支付给 Jammer 的"薪水"，每个信道会被单独赋予不同的数值。这与实际情况是相吻合的。在同一企业负责同一工作的一组工作人员，所获得的报酬与个人能力息息相关，往往取不同的值。故参数 γ 同时可能服从正态分布或者幂律分布。对于输入信号的功率与参数 γ 之间并没有明确的关系。本研究考虑四种不同的情形：

情形 1：γ 与输入信号的功率都服从正态分布且正态分布的参数相同，其中均值为 1，方差为 0.5。

情形 2：γ 与输入信号的功率都服从正态分布但正态分布的参数不同，其中正态分布的均值分别为 1 和 2，方差分别为 0.1 和 0.5。

情形 3：γ 与输入信号的功率都服从幂律分布且幂律分布的参数相同，其中幂律分布的参数为 2。

情形 4：γ 与输入信号的功率都服从幂律分布但幂律分布的参数不同，其中幂律分布的参数分别为 2 和 3。

对于参数 σ_G^2，假设 ATV 攻击者的策略是平稳变化的，故参数 σ_G^2 服从正态分布。实验参数设置中，正态分布的均值为 2，方差为 3。

根据定理 3.4，为计算最优的防御者策略，首先需要获得每个信道对应的参数 p_j^T 与 p_j^N。在信道未被攻击的场景下，防御者的损失 $l_j^N = \gamma_j p_j$，l_j^N 为关于参数 p_j 的增函数。根据 p_j^N 的定义，其取值应该被设置为很小的数值，对每个信道均赋予参数 0.1。对于防御者在被攻击信道上的损失 l_j^T，由于函数 $g(p_j)$ 与 $h(p_j)$ 均为凸函数，故 l_j^T 也为凸函数。根据凸函数的性质，可以通过枚举搜索的方法找出 l_j^T 取值最小时对应的 p_j^T，即 $p_j^T \in \arg\min g(p_j) + h(p_j) + \gamma_j p_j$。

实现定理 3.4 算法的最后一个挑战在于寻找出参数 α 的最优取值。依据定理 3.4 的步骤，图 3.6 给出了防御者的期望损失 L_d 与 α 之间的关系，其中攻击集规模 $|\Gamma|$ 的取值分别为 2、3、4、5、6。从图 3.6 观察可知，存在最小的 α 能够使得防御者的期望损失最小。在求解得到 α 的最优值之后，防御者的最优策略 P 可以进一步得到。

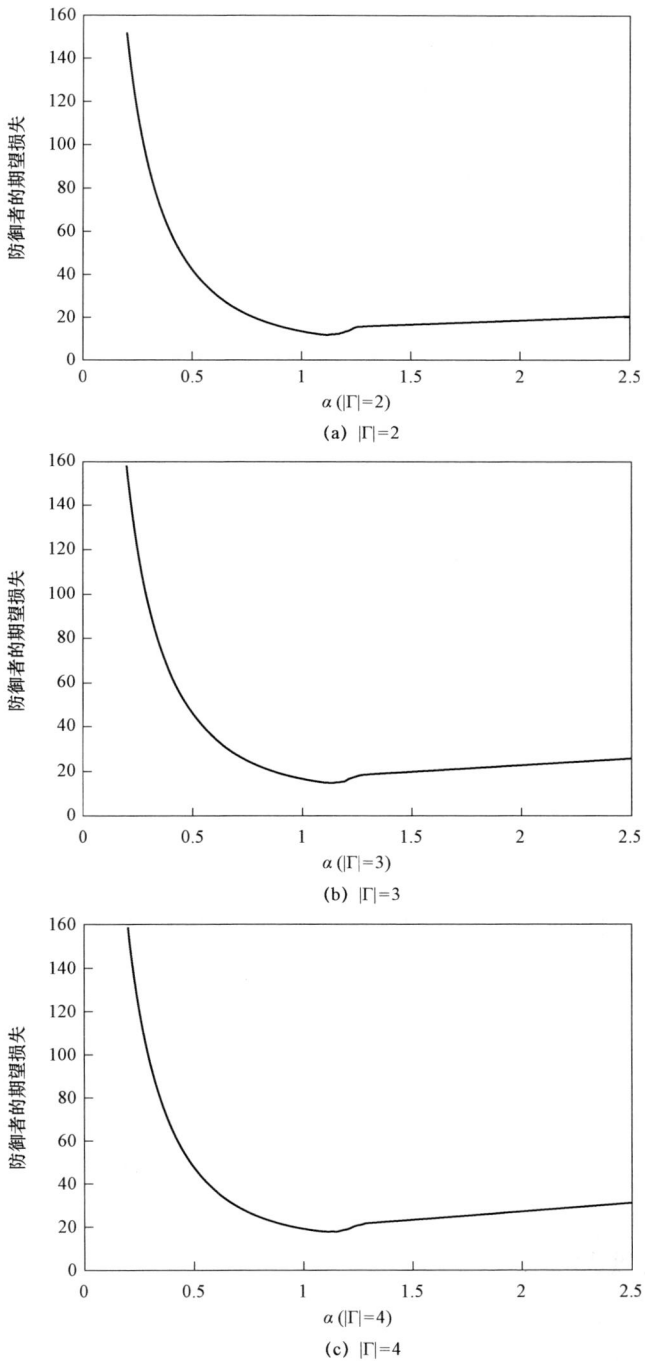

(a) |Γ|=2

(b) |Γ|=3

(c) |Γ|=4

图 3.6 通信系统的损失与参数 α 之间的关系

(d) |Γ|=5

(e) |Γ|=6

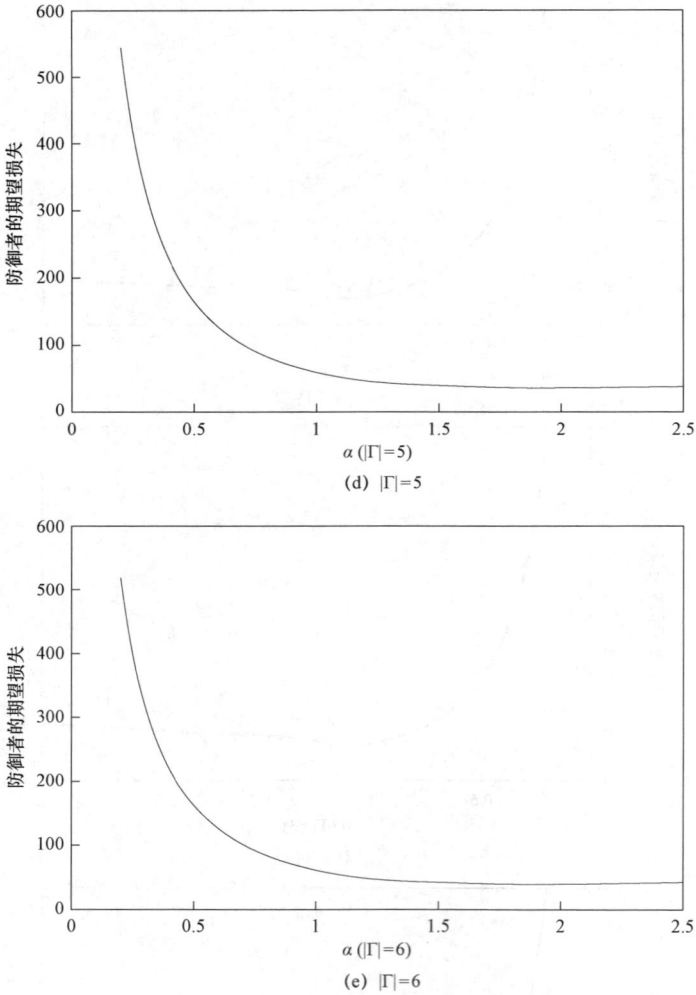

图 3.6　通信系统的损失与参数 α 之间的关系（续）

此外，图 3.7 描述了不同规模攻击集|Γ|与防御者损失之间的关系。从图中可以看出，随着攻击集合规模的增大，通信系统面临的损失也会增大。

3.3.2　比较实验

为验证本研究攻防安全博弈框架下应对高度战略性攻击者的防御者策略能够有效减少系统损失，本研究设计了对比实验。

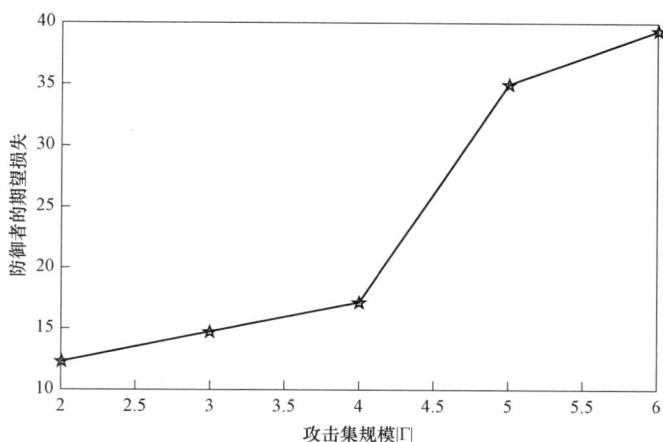

图 3.7 通信系统的损失与攻击集规模的关系

本研究依据攻防安全博弈模型设计的防御者策略建立在高度战略性的攻击者行为基础上，其中攻击者以完全对抗行为选择一个策略使得防御者损失最大化。而对比实验中的攻击者则不需要具备高度战略性。具体地，本研究考虑了以下两种行为模型。类型 1 中的攻击者选择信道时是完全任意的，故每个信道被选择的概率为 $\dfrac{|\Gamma|}{M}$。类型 2 中的攻击者不考虑人工噪声的影响，而是选择输入信息价值最大的信道进行攻击。

策略 1：假设攻击者选择攻击信道是完全随机的，每个信道都以等概率的机会被攻击者所选择。在这样的攻击行为下，防御者的人工噪声添加功率 P 可以计算为 $\mathrm{argmin}_P\left(\sum_j \dfrac{|\Gamma|}{M}\left\{\dfrac{1}{2}\lg\left(1+\dfrac{\sigma_{W_j}^2}{p}\right)+\dfrac{1}{2}\lg\sigma_{G_j}^2\left(1+\dfrac{\sigma_{W_j}^2}{p}\right)\right\}\right)+\sum_j \gamma_j p_j$。

策略 2：假设攻击者选择拥有最高信息价值的信道进行攻击。根据自信息的定义，自信息的值与输入信号的功率相关，故攻击者的最佳响应策略可以依据输入信号的功率大小进行确定。此时，防御者的人工噪声添加功率 $\boldsymbol{P}$ 可以计算为 $\mathrm{argmin}_{\boldsymbol{P}}\max_{\Gamma:|\Gamma|=K}\sum_{j\in\Gamma}\left\{\dfrac{1}{2}\lg\left(1+\dfrac{\sigma_{W_j}^2}{p}\right)+\dfrac{1}{2}\lg\sigma_{G_j}^2\left(1+\dfrac{\sigma_{W_j}^2}{p}\right)\right\}+\sum_j \gamma_j p_j$。

图 3.8 给出了攻防安全博弈框架下依据定理 3.4 计算出的防御者策略与策略 1 和策略 2 在对通信系统造成期望损失方面的比较结果。从图 3.8 中可以

看出，本研究基于攻防博弈模型计算出的防御者人工噪声添加策略在减少系统损失方面有显著性的优势。这进一步说明，单防御者 vs 单攻击者安全博弈模型在通信系统应对 ATV 攻击中可以起到良好效果的原因在于：攻防安全博弈模型下，通信系统作为防御者对 ATV 攻击者的攻击决策推理较为准确，从而采取的针对性措施是高效的。

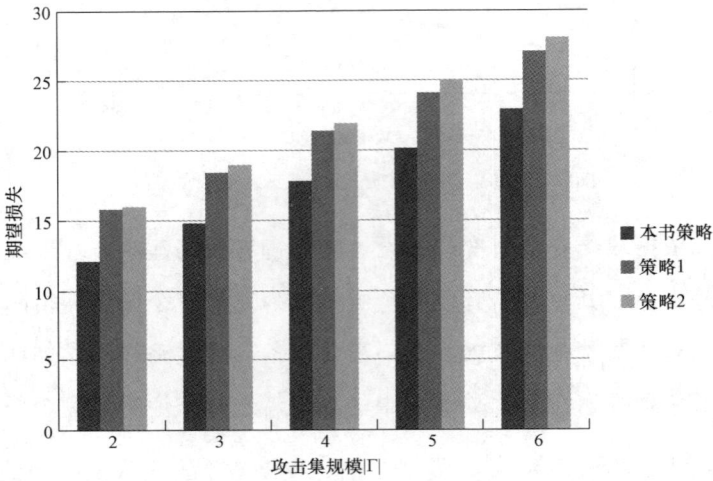

(a) 情形1

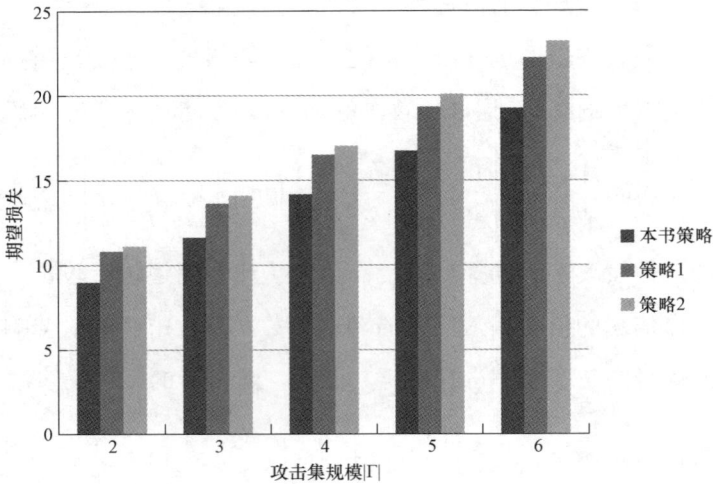

(b) 情形2

图 3.8　防御者策略与策略 1 和策略 2 在对通信系统造成期望损失
方面的比较结果

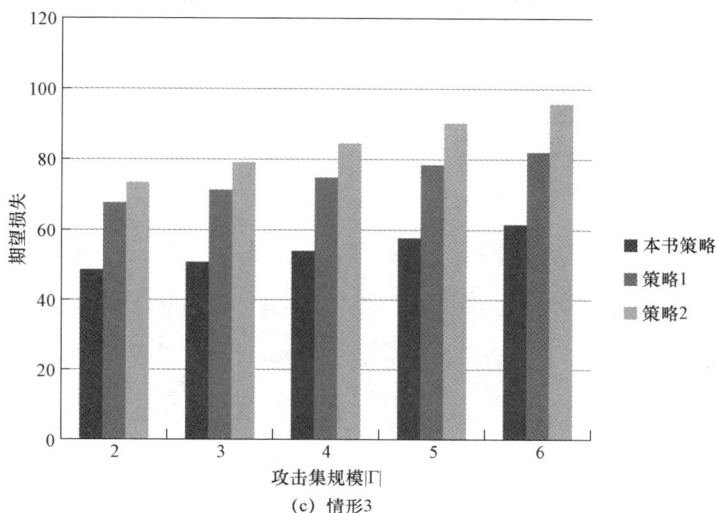

(c) 情形3

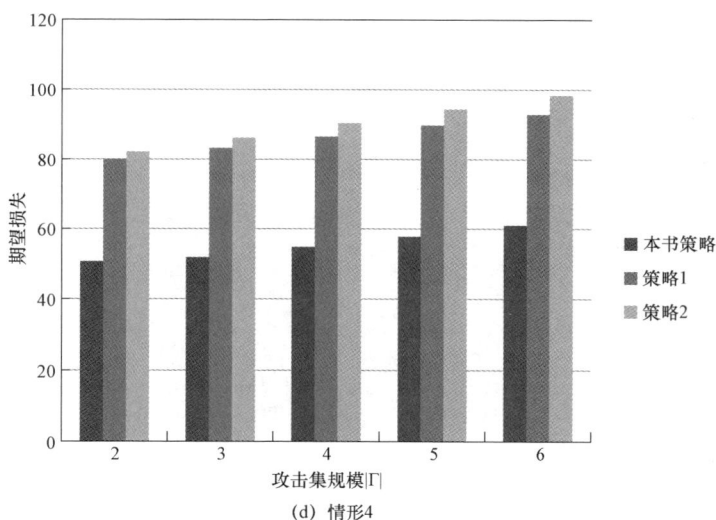

(d) 情形4

图 3.8 防御者策略与策略 1 和策略 2 在对通信系统造成期望损失
方面的比较结果（续）

3.4 本章小结

本章研究了单防御者 vs 单攻击者安全博弈模型在通信系统应对 ATV 攻
击场景中的应用，考虑了强斯塔克尔伯格均衡解 SSE 在此场景中的具体性质及求解方法。ATV 攻击对通信系统造成的损失极大，为有效应对 ATV 攻击，本研究考虑向信道添加人工噪声的方式干扰攻击者的信号接收。为计算防御者的最佳人工噪声添加策略，建立了 ATV 攻击者与通信系统之间的斯塔克尔伯格攻防安全博弈模型，其中通信系统作为防御者首先行动，选择合适的人工噪声添加策略，攻击者在观察到防御者的策略后选择信道进行攻击，且攻击者的行为相对于防御者是完全对抗性的，即只选择能带给通信系统最大损失的信道进行攻击。为求解强斯塔克尔伯格均衡解，本研究建立了通信系统关于人工噪声功率的优化模型，并从一种特殊情况出发，分析出防御者最优策略应具备的性质，再进一步扩展到一般情况。本研究设计的算法将 $M-$维问题转化为 M 个 $1-$维问题，从而有效降低了算法复杂度。最后，通过与两种应对非战略性攻击行为的防御策略进行比较，结果表明安全博弈模型给出的防御者策略在降低系统损失方面有显著效果。

第 4 章　单防御者 vs 多攻击者安全博弈场景中的均衡解研究

4.1　引　言

现实生活中的很多安全博弈场景往往涉及多种类型的攻击者，其中多种类型的攻击者通常包括两层含义。一方面，当防御者对攻击者行为、支付函数等持有不完全信息时，一个攻击者个体在防御者眼中存在多种可能性。通常将该问题建模为贝叶斯-斯塔克尔伯格博弈模型 BSG（Bayesian Stackelberg Game），即防御者根据经验或者历史数据在攻击者类型集合上产生一个先验概率分布，进而优化该先验分布下所有可能类型攻击者对防御者造成影响的期望值。该模型面临的主要问题在于，先验概率分布的获取需要大量的真实数据做支撑，而许多真实场景往往面临的主要问题就是数据缺失或者数据不足。这给 BSG 模型在实际中的应用带来了很大的挑战。

另一方面，多种类型的攻击者可指不同类型的攻击个体。这些不同类型的攻击者对防御者造成不同层面的影响，需要通过不同的计量单位来衡量。因此，直观的求解方法是将每种类型攻击者对防御者造成的影响单独看成一个目标，整个问题变成一个多目标优化问题。多目标安全博弈模型 MOSG（Multi-Objective Security Game）有效解决了不同攻击者对防御者造成影响之间的权衡制约问题。而在深入研究单防御者 vs 多攻击者安全博弈模型时，本研究发现上述提到的 BSG 模型与 MOSG 仍存在两个主要问题：

（1）模型假设多种类型的攻击者都是完全理性的，即只采取最佳响应策略进行攻击，这与许多实际情况中的攻击者行为相违背。现实生活中的攻击者行为具有高度复杂性，他们可能以完全理性的方式选择攻击策略，也可能在不完全理性下以一定的概率偏离最佳响应策略，也有可能以完全对抗性方式只选择最不利用防御者的策略进行攻击，甚至有可能是完全不理性的，即采取策略完全随机，没有任何计划。

（2）关于多轮重复博弈场景的考虑较为欠缺。对抗多种类型攻击者的多目标安全博弈模型目前尚未扩展到多轮博弈的场景中。BSG 模型虽然扩展到了多轮重复博弈场景中，但假设攻击者在重复博弈的每一阶段都采取最佳响应策略。该假设过于理想化，与攻击者在多轮博弈中适时调整策略的现实情况相违背。

考虑到这个问题，本研究分析了单防御者 vs 多攻击者的重复安全博弈场景，其中多类型的攻击者表示支付函数、行为方式不同的多个攻击者个体，且防御者对每种类型攻击者都持有不同程度的不确定性。例如，在安保部门与逃票分子、小偷和恐怖分子的长期交互过程中，逃票分子、小偷和恐怖分子呈现出的行为方式具有多变性以及不可掌控性。具体到每种类型的攻击者，防御者都不能准确获知其理性程度、行为模型等。为处理该类型的不确定性，本研究采用最差情况分析法，通过最小化后悔值的方法建立防御者的优化模型。不同于之前的研究，本研究将不确定性条件下每种类型攻击者对防御者造成的影响作为单独的目标。这是因为，一个防御者策略要使得对抗所有类型攻击者产生的后悔值同时达到最小是非常困难的。故本研究考虑防御者的帕累托有效策略，即防御者希望自己的策略针对某些类型攻击者产生的后悔值最优，允许对其余类型的攻击者在后悔值上付出适度的代价。本研究通过建立线性优化模型，在线性优化模型下进行 Q - 值迭代算法，最后得到了防御者的帕累托后悔值前沿。最后，本研究设计了近似算法求得帕累托后悔值前沿，并通过理论分析证明了该近似算法的有效性。

4.2　单防御者 vs 多攻击者重复安全博弈模型

针对单防御者 vs 多攻击者的重复安全博弈场景，其中单防御者需要同时对抗来自类型集合 $\Omega = \{1, \cdots, |\Omega|\}$ 的多个攻击者以保护目标集合 $T = \{t_1, \cdots, t_{|T|}\}$，且不同类型攻击者之间相互独立行动，本研究构建了单防御者 vs 多攻击者重复安全博弈模型，同时考虑了防御者对多类型攻击者的行为具有不完全信息的情况。

4.2.1　博弈设定

在重复安全博弈的每阶段 $L = 1, 2, 3, \cdots$，防御者与多类型攻击者的目标是基于前阶段的历史信息，做出最优决策。考虑到防御者对多种类型攻击者攻击行为的不确定性，本章节描述攻击者行为时未给出类似 SUQR/QR 或者最佳响应等具体的行为模型，而是采用适用于所有类型攻击者的统一策略表达形式，即 0−1 纯策略表达。这是因为，在重复博弈的每一阶段，各个类型攻击者无论是否理性，无论按照怎样的行为模型选择策略，最终博弈结果都是选择了一个目标进行攻击。防御者的纯策略可通过 $i \in \{0,1\}^{|T|}$ 表示，其非零元素个数不超过防御者拥有的资源数目 m，即 $\|i\|_1 \leqslant m$。类似地，对于类型为 ω 的攻击者（简称攻击者 ω），其纯策略可表示为 $a^\omega \in \{0,1\}^{|T|}$，当目标 t 被攻击者 ω 攻击后，a^ω 的第 t 个元素取值为 1，否则为 0。

4.2.2　博弈参与人期望收益

首先考虑防御者与攻击者 ω 之间的单防御者 vs 单攻击者重复博弈。在博

67

弈每阶段 L，给定博弈双方的纯策略对 $\langle i_L, a_L^\omega \rangle$，防御者的收益可计算为

$$
\begin{aligned}
u(i_L, a_L^\omega) &= \sum_{t \in T} i_{L,t} a_{L,t}^\omega R_t^{d,\omega} + \sum_{t \in T} (1 - i_{L,t}) \, a_{L,t}^\omega P_t^{d,\omega} \\
&= \sum_{t \in T} i_{L,t} a_{L,t}^\omega [R_t^{d,\omega} - P_t^{d,\omega}] + \sum_{t \in T} a_{L,t}^\omega P_t^{d,\omega}
\end{aligned}
\tag{4.1}
$$

在式子（4.1）中，若纯策略 i_L 保护了目标 t，则 $i_{L,t}$ 取值为 1，否则为 0。同样地，若纯策略 a_L^ω 攻击了目标 t，则 $a_{L,t}^\omega$ 取值为 1，否则为 0。

根据本章节博弈的设定，由于防御者对攻击者理性程度以及行为决策的不完全了解，防御者面临的主要问题在于处理不确定性问题。为处理这样的不确定性问题，本研究采用最差情况分析方法（Worst-case Analysis），假设所有攻击者选择目标都是完全对抗型（Fully Adversarial）的。在重复博弈的第 $L+1$ 阶段，将博弈的历史信息 H_L 表示为 $H_L = \{(\boldsymbol{x}_1, a_1^1, \cdots, a_1^\omega, \cdots, a_1^{|\Omega|}) \cdots (\boldsymbol{x}_L, a_L^1, \cdots, a_L^\omega, \cdots, a_L^{|\Omega|})\}$，其中 $\boldsymbol{x}_L$ 表示防御者在第 L 阶段采取的混合策略，a_L^ω 表示攻击者 ω 在第 L 阶段采取的攻击策略。防御者在第 L 阶段的策略方针 π_L^d 是历史信息到混合策略集合上的映射，即 $\pi_L^d : H_{L-1} \to X$。在博弈进行到第 L 阶段时，防御者的策略选择方针序列为 $\pi^d = (\pi_1^d, \cdots, \pi_L^d)$，攻击者 ω 的攻击方针序列为 $\pi^\omega = (\pi_1^\omega, \cdots, \pi_L^\omega)$。给定博弈双方方针序列对 $\langle \pi^d, \pi^\omega \rangle$，在无限阶段的重复博弈中，防御者的期望收益为：$U_d(\pi^d, \pi^\omega) = E\left[\sum_{L=1}^\infty \beta^{L-1} u(i_L, a_L^\omega)\right]$，其中 β 为折扣系数，期望取自随机变量防御者的混合策略。防御者的目的在于最大化自身的期望收益，等价于最小化在不确定性情况下选取的策略与事后最佳策略带来收益之间的差值——即防御者的后悔值。事后最佳策略是防御者得知攻击者的真实行动后应采取的最佳响应策略。防御者应对攻击者 ω 的后悔值可表示为：

$$
R^\omega(\pi^d, \pi^\omega) = \max_{i \in I} \sum_{L=1}^\infty \beta^{L-1} u(i, a_L^\omega) - E\left[\sum_{L=1}^\infty \beta^{L-1} u(i_L, a_L^\omega)\right]
\tag{4.2}
$$

在式子（4.2）中，等式右边第一项 $\max_{i \in I} \sum_{L=1}^\infty \beta^{L-1} u(i, a_L^\omega)$ 表示防御者为应对攻击者 ω 的策略序列 $\{a_L^\omega\}_{L=1}^\infty$ 采取的理论最佳纯策略带来的最大收益，也称为防御者在得知攻击者 ω 采取的策略序列为 $\{a_L^\omega\}_{L=1}^\infty$ 后的事后最佳策略带来的

收益。不失一般性，本研究将防御者应对 $\{a_L^\omega\}_{L=1}^\infty$ 的事后最佳策略表示为

$i^* = \mathrm{argmax}_{i \in I} \sum_{L=1}^\infty \beta^{L-1} u(i, a_L^\omega)$，则式子（4.2）可等价表示为：

$$
\begin{aligned}
R^\omega(\pi^d, \pi^\omega) &= \sum_{L=1}^\infty \beta^{L-1} u(i^*, a_L^\omega) - E\left[\sum_{L=1}^\infty \beta^{L-1} u(i_L, a_L^\omega)\right] \\
&= E\left[\sum_{L=1}^\infty \beta^{L-1}(u(i^*, a_L^\omega) - u(i_L, a_L^\omega))\right] \quad\quad (4.3) \\
&= E\left[\sum_{L=1}^\infty \beta^{L-1} r(i_L, a_L^\omega)\right]
\end{aligned}
$$

式子（4.3）中，$r(i_L, a_L^\omega) = u(i^*, a_L^\omega) - u(i_L, a_L^\omega)$ 表示防御者为应对攻击策略 a_L^ω 采取策略 i_L 引起的后悔值，具体表现为 i_L 带来收益与理论最佳策略 i^* 带来收益之间的差值。

将所有类型的攻击者综合考虑，本研究将防御者应对每种类型攻击者的后悔值作为单独目标，使整个问题成为多目标优化问题。本研究不通过先验概率分布将所有类型攻击者引起的后悔值加权为单目标模型考虑的原因在于：通常情况下，防御者在博弈时对有些攻击者类型会更加侧重，且一个策略使得应对所有类型攻击者产生的后悔值都达到最优值是非常困难的。例如，恐怖分子对交通系统造成的危害程度更大，若是一个策略能使得应对该类型攻击者产生的后悔值很小，则该策略也是有效策略。基于此，本研究考虑防御者的多目标后悔值优化模型，其目标可表示为向量：$\boldsymbol{R}(\pi^d) = \left\langle R^\omega(\pi^d) \right\rangle_{\omega=1,\cdots,|\Omega|}$。一个多目标重复安全博弈模型 MORSG（Multi-Objective Repeated Security Game）定义了如下优化问题：$\min_{\pi^d}[R^1(\pi^d, \pi^1), \cdots, R^{|\Omega|}(\pi^d, \pi^{|\Omega|})]$。

注意到在多目标优化模型中，不同目标之间相互制约使得减小其中一个目标会增大另一个目标。这与实际情况是相符的，由于防御者的资源有限，采取的策略不可能同时兼顾所有类型攻击者的喜好，若是将更多资源侧重于应对某一种类型的攻击者，则对于其他类型攻击者的防护必会减弱。故防御者策略在应对某种类型攻击者后悔值减小的同时，会使得应对其他类型攻击者的后悔值增大。防御者策略 π^d 产生的博弈结果由定义 4.1

给出。

定义 4.1 对于防御者策略 π^d 产生的后悔值向量，若该向量的每一个元素都不超过向量 $\boldsymbol{R}(\pi^d)$ 的对应元素，则称向量 $\boldsymbol{R}(\pi^d)$ 为策略 π^d 的同时保证向量（Simultaneous Guarantee Vector）。

图 4.1 给出了防御者与两种类型攻击者的博弈结果。R^1 表示防御者策略应对类型 1 攻击者的行为不确定性产生的后悔值，R^2 表示防御者策略应对类型 2 攻击者的行为不确定性产生的后悔值。点集合 {A,B,C,D,E,F} 为防御者采取不同策略产生的后悔值向量集合，其中每个点表示防御者策略达到的同时保证向量。

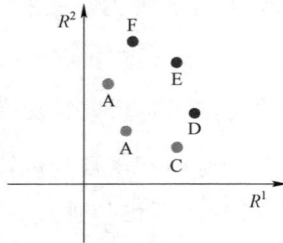

图 4.1　防御者策略可达到的同时保证向量

4.2.3　博弈均衡解定义

定义 4.2 防御者的策略 π^d 占优于另一个策略 $\pi^{d'}$，若 $\boldsymbol{R}(\pi^d)$ 的每个元素不严格大于对应的 $\boldsymbol{R}(\pi^{d'})$ 的元素，且其中至少有一个元素小于对应的 $\boldsymbol{R}(\pi^{d'})$ 的元素。防御者的两个策略 π^d 与 $\pi^{d'}$ 不能相互比较，若 $\boldsymbol{R}(\pi^d)$ 中有些元素严格小于对应的 $\boldsymbol{R}(\pi^{d'})$ 的元素，且 $\boldsymbol{R}(\pi^{d'})$ 的有些元素同时严格小于对应的 $\boldsymbol{R}(\pi^d)$ 的元素。一个防御者策略 π^d 是帕累托有效的，要么 $\boldsymbol{R}(\pi^d)$ 严格占优于其他策略，要么与其他策略不能相互比较。策略 π^d 对应的目标值向量 $\boldsymbol{R}(\pi^d)$ 构成的集合称为帕累托后悔值前沿，记为 G。

依据定义 4.2，防御者需要在所有同时保证向量集合中寻找出最优可实现

的同时保证向量，也就是帕累托前沿（Pareto frontier），即 $\Lambda(\boldsymbol{R}(\pi^d))$，其中 Λ 为 $|\Omega|$ 维向量集合上的一个作用。任意给定一个由 $|\Omega|$ 维向量组成的集合 A，$\Lambda(A) \triangleq \{a \in A : \forall \overline{a} \in A \setminus \{a\}, \exists \omega, \text{s.t.}, a^\omega < \overline{a}^\omega\}$。如图 4.1 所示，根据帕累托前沿的定义，$\Lambda\{A, B, C, D, E, F\} = \{A, B, C\}$。本研究的目的在于计算防御者在无限次重复博弈中最优可实现的同时保证向量集合 G_∞。

4.3　线性规划上的 Q–迭代求解算法

4.3.1　博弈分析

首先考虑有限阶段的重复博弈，记 G_L 为 L 阶段重复博弈中防御者最优可实现的同时保证向量集合，G_{L+1} 为 $L+1$ 阶段重复博弈下防御者最优可实现的同时保证向量集合，则 G_{L+1} 可以由 G_L 得到。

考虑 $L+1$ 阶段的重复博弈，防御者的决策可以拆分为两步：首先在博弈的第一阶段，防御者采取混合策略 $\boldsymbol{x}$；其次在第二阶段及以后的博弈过程中，防御者意识到各个类型攻击者的行动后依据自己采取的混合策略计算出对应的后悔值向量集合，而这些后悔值向量集合刚好取自集合 G_L，即为 L 阶段重复博弈中防御者的最优可实现的同时保证向量集合。G_{L+1} 与 G_L 之间的关系可表示为：

$$\left(\sum_{i \in I} x_i [r(i, a^1) + \beta R^1(i, a^1)], \cdots, \sum_{i \in I} x_i [r(i, a^{|\Omega|}) + \beta R^{|\Omega|}(i, a^{|\Omega|})]\right) \qquad (4.4)$$

在式子（4.4）中，$[R^1(i, a^1), \cdots, R^\omega(i, a^\omega), \cdots, R^{|\Omega|}(i, a^{|\Omega|})] \in G_L$。

在本研究中，防御者对所有攻击者类型的行为决策都具有很多不确定性因素，防御者难以确定每种类型的攻击者在重复博弈下具体以哪种形式进行决策，每种类型的防御者都有可能是完全理性的，也有可能是不完全理性的甚至是完全不理性的。故本研究采用最差情况分析法，假设所有类型的攻击者都是完全对抗型的，即他们只考虑如何使得防御者的后悔值变大，则式子（4.4）可重新表示为：

$$\left(\max_{a^1}\sum_{i\in I}x_i[r(i,a^1)+\beta R^1(i,a^1)]\right),\cdots,\max_{a^{|\Omega|}}\sum_{i\in I}x_i[r(i,a^{|\Omega|})+\beta R^{|\Omega|}(i,a^{|\Omega|})]$$

（4.5）

事实上，防御者在 $L+1$ 阶段重复博弈中每一阶段的第二步决策仅依赖于攻击者的行动，故式子（4.4）可以重写为：

$$\left(\max_{a^1}\sum_{i\in I}x_i r(i,a^1)+\beta Q^1(a^1),\cdots,\max_{a^{|\Omega|}}\sum_{i\in I}x_i r(i,a^{|\Omega|})+\beta Q^{|\Omega|}(a^{|\Omega|})\right)$$

（4.6）

据此，无限次重复博弈对应的防御者最优可实现的同时保证向量集合 G_∞ 可以通过在序列 $\{G_L\}$ 上进行（4.6）的作用归纳得到。

本研究给出一个两阶段重复安全博弈的简单例子阐述 G_1 与 G_2 的关系。

例子 4.1 假设在地铁安全运行中，地铁巡逻人员需要巡视进站口以提防部分乘客的逃票行为，同时也需要在站台巡视，以防止部分乘客的"抢上抢下"行为导致地铁运行晚点造成更大的损失。从该场景中简单提炼出的安全博弈模型为：地铁巡逻人员作为防御者同时与逃票分子和"抢上抢下"乘客进行博弈，需要保护的目标集合为进站口与列车站台。博弈参与者的收益矩阵见表 4.1。

表 4.1 博弈参与者的收益矩阵

		攻击者	
		"抢上抢下"乘客	逃票分子
防御者	进站口	2，0	0，1
	列车站台	0，2	1，0

在博弈的每一阶段，当防御者位于进站口时，对于逃票分子产生的后悔

值为 0，而对于"抢上抢下"乘客则会产生 2 的后悔值；反之当防御者位于
列车站台时，防御者对于"抢上抢下"乘客产生的后悔值为 0，而对于逃票
分子的后悔值则是 1。当防御者采取混合策略 $\boldsymbol{x} = (x_1, 1-x_1)$ 时，即以 x_1 的可能
性位于进站口，以 $1-x_1$ 的可能性位于列车站台，对于"抢上抢下"乘客与逃
票分子产生的后悔值向量为 $\boldsymbol{r} = (2x_1, 1-x_1)$。此时，帕累托后悔值前沿可表示
为图 4.2。

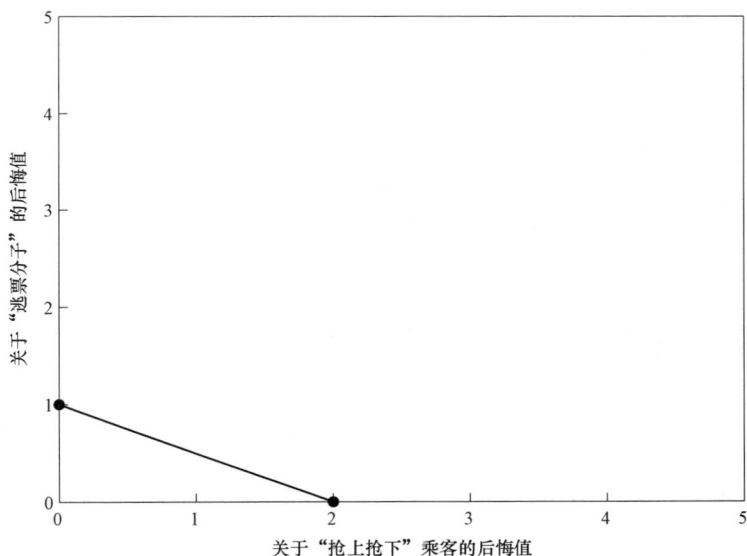

图 4.2　一阶段安全博弈帕累托后悔值前沿

在两阶段重复安全博弈中，防御者在第一阶段首先选取一个混合策略，
然后在博弈的第二阶段，依据上一阶段对手采取的行动，再次选取一个混合
策略，而该混合策略达到的博弈结果刚好取自图 4.2 所示的曲线。这是因为
两阶段重复博弈中第二阶段作为博弈的最后阶段，帕累托后悔值前沿表示为
图 4.2。故两阶段重复安全博弈帕累托后悔值前沿可表示为图 4.3。若防御者
在第一阶段采取混合策略 $(0.5, 0.5)$ 对应的博弈结果为 $(1, 0.5)$，若防御者意识
到攻击者方仅仅发生了逃票行为，则产生的后悔值向量为 $(0, 0.5)$，故两阶段
最终的后悔值向量为 $(1,1)$。

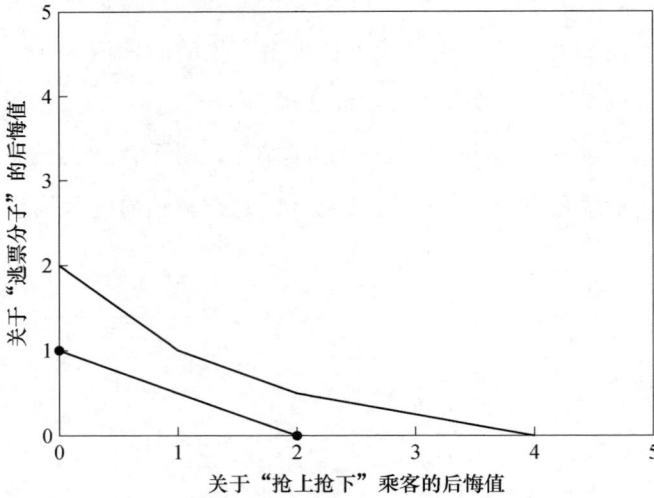

图 4.3　两阶段重复安全博弈帕累托后悔值前沿

4.3.2　线性规划上的 Q-迭代求解算法

为计算 G_∞ 以及得到 G_∞ 对应的防御者策略集合，本章节介绍了线性规划上的 Q-迭代求解算法。为在序列 $\{G_L\}$ 上进行迭代得到 G_∞，首先需要对重复博弈每个阶段得到的帕累托后悔值前沿进行参数化处理。

为便于分析帕累托后悔值前沿的特征，本研究首先对帕累托后悔值前沿进行参数化。本研究通过建立线性规划模型（P4-1）来实现参数化过程。

$$f(\boldsymbol{p}) = \mathrm{argmin}_{g \in G} \sum_{\omega=1}^{|\Omega|} p_\omega g^\omega \qquad \text{(P4-1)}$$

$$\text{s.t. } g^\omega \geqslant b_\omega, \quad \forall \omega \in \Omega \qquad (4.7)$$

$$\sum_{\omega=1}^{|\Omega|} p_\omega = 1 \qquad (4.8)$$

$$p_\omega \in [0,1], \quad \forall \omega \in \Omega \qquad (4.9)$$

在线性规划（P4-1）中，目标函数将权重向量 $\boldsymbol{p}$ 与多目标模型中的每个目标进行加权求和，其中 $\boldsymbol{p}$ 在 $|\Omega|-1$ 维的单形结构 $\Lambda^{|\Omega|-1}$ 中取值，即

$\left\{ \boldsymbol{p} \in R^{|\Omega|} : \sum\limits_{\omega=1}^{|\Omega|} p_\omega = 1; p_\omega \geqslant 0, \forall \omega \in \Omega \right\}$。约束（4.7）中的 b_ω 是目标 g^ω 需要满足的条件。显然，线性规划模型（P4-1）建立了权重向量 $\boldsymbol{p}$ 与帕累托后悔值有效解之间的一对一映射。因此，求解帕累托后悔值前沿可以通过求解权重向量 $\boldsymbol{p}$ 的所有可能取值对应的线性规划模型。在无限阶段的重复博弈模型中，通过更新每个目标 g^ω 对应的约束 b_ω，最终可求得最优帕累托后悔值前沿 G_∞。

记 $\boldsymbol{P}$ 为权重空间，X 为防御者的混合策略集合，所有类型攻击者的行动向量为 $\boldsymbol{a} = (a^1, \cdots, a^\omega, \cdots, a^{|\Omega|})$。

根据上述分析，在线性规划（P4-1）上执行 $Q-$迭代算法，通过更新约束条件，可得到收敛的最优帕累托后悔值前沿。该规划模型如（P4-2）所示。

$$f(\boldsymbol{p}) = \mathrm{argmin}_{\theta \in \Theta} \sum_{\omega=1}^{|\Omega|} p_\omega g^\omega \qquad \text{（P4-2）}$$

$$s.t. \ g^\omega \geqslant \sum_{i \in I} x_i r(i, a^\omega) + \beta Q^\omega(\boldsymbol{p}, a^\omega), \ \forall \omega \in \Omega \qquad \text{（4.10）}$$

$$\sum_{\omega=1}^{|\Omega|} p_\omega = 1 \qquad \text{（4.11）}$$

$$p_\omega \in [0,1], \ \forall \omega \in \Omega \qquad \text{（4.12）}$$

在第 k 轮迭代中，$Q_k^\omega(\boldsymbol{p}, a^\omega)$ 是向量 $\boldsymbol{Q}_k(\boldsymbol{p}, \boldsymbol{a})$ 的第 ω 个元素。通过求解规划（P4-2），在第 $k+1$ 迭代中，可以得到基于 Q_k^ω 的最优帕累托后悔值前沿。

本研究将证明序列 $\{\boldsymbol{Q}_k\}$ 的收敛性，从而证明最优帕累托后悔值前沿的存在性。

4.3.2.1　序列 $\{Q_k^\omega\}$ 的收敛性分析

递归函数可以记为：

$$\begin{cases} Q_k^\omega = E[r(\boldsymbol{x}, a^\omega)] + \beta \max_{a^\omega \in A^\omega} Q_{k-1}^\omega(p, a^\omega), \forall k > 0 \\ Q_0^\omega(\boldsymbol{p}, a^\omega) = 0, \forall (\boldsymbol{p}, a^\omega) \in \Lambda^{|\Omega|-1} \times A^\omega \end{cases} \qquad \text{（4.13）}$$

式子（4.13）可以写为：$Q_k^\omega = \hat{H}Q_{k-1}^\omega$，$\hat{H}$ 为定义在任意函数 $\phi: \Lambda^{|\Omega|-1} \times X \times A^\omega \to R$ 上的算子，具体表现为：$(\hat{H}\phi)(p, x, a^\omega) = E[r(x, a^\omega)] + \beta \max_{a^\omega \in A^\omega} \phi(p, a^\omega)$。

$\hat{H}$ 为 $\Lambda^{|\Omega|-1} \times X \times A^\omega$ 和无穷范数上定义的函数构成 Benach 空间上的一个压缩映射，则有

$$
\left\| \hat{H}\phi - \hat{H}\bar{\phi} \right\|_\infty
$$
$$
= \beta \max_{(p', x, a^\omega) \in \Lambda^{|\Omega|-1} \times X \times A^\omega} \left| \max_{a^\omega \in A^\omega} \phi(p', x, a^\omega) - \max_{a^\omega \in A^\omega} \bar{\phi}(p', x, a^\omega) \right|
$$
$$
\leq \beta \max_{(p', x, a^\omega) \in \Lambda^{|\Omega|-1} \times X \times A^\omega} \left| \max_{a^\omega \in A^\omega} [\phi(p', x, a^\omega)] - \bar{\phi}(p', x, a^\omega) \right]
$$
$$
\leq \beta \max_{(p', x, a^\omega) \in \Lambda^{|\Omega|-1} \times X \times A^\omega} \left| \phi(p', x, a^\omega) \right| - \bar{\phi}(p', x, a^\omega) |
$$
$$
= \beta \left\| \phi - \bar{\phi} \right\|_\infty
$$
$$
< \left\| \phi - \bar{\phi} \right\|_\infty
\tag{4.14}
$$

由 Benach 空间中的不定点定理，序列 $\{Q_k^\omega\}$ 收敛于 $Q^\omega: \Lambda^{|\Omega|-1} \times X \times A^\omega \to R$，其中 $Q^\omega = \hat{H}Q^\omega$。此结论对于任意的 $\omega \in \Omega$ 都成立，因此可得向量 Q 构成的序列 $\{Q_k\}$ 也是收敛的。故 $G_\infty = G_*$，其中 G_* 为序列 $\{G_k\}$ 经过多次迭代后收敛到的最优帕累托后悔值前沿。

对于任意可行的 p 值，在线性规划（P4-2）上进行 $Q-$迭代生成所有可能的帕累托有效解是不切实际的。因为 p 为一个在 $|\Omega|-1$ 维的单形结构 $\Lambda^{|\Omega|-1}$ 上取值的连续变量。为此，本研究通过考虑有限的 p 值，生成最优的近似帕累托后悔值前沿。

为将 p 的取值离散化，本研究将其所在的空间进行同等划分，即将单形结构 $\Lambda^{|\Omega|-1}$ 划分为多个相同区域大小的集合。以 $2-$维的单形结构为例，整个区域被划分的结果如图 4.4 所示。给定划分精度变量 N，可能的 p 的离散化取值共有 $\dfrac{(N+|\Omega|-1)!}{N!(|\Omega|-1)!}$。

在离散化取值的 p 下，求解线性规划（P4-2）的另一难点来自约束中防御者的混合策略。混合策略的取值依旧是一个连续变量，要对所有可能取值

下的混合策略求解线性规划是比较困难的。本研究采用文献[131]给出的有限混合策略生成方法，将纯策略 i 被选取的概率 x_i 通过 $\xi = \dfrac{1}{K}$ 进行离散划分，其中 $x_i = k_i \cdot \xi$，$\{k_i\}$ 为一系列的非负整数序列，且满足 $\sum_i k_i = K$。例如，当防御者的纯策略有 2 个且离散参数 $\xi = \dfrac{1}{4}$，即 $K = 4$，依此方法生成的有限混合策略集合为（0，1）、（0.25，0.75）、（0.5，0.5）、（0.75，0.25）、（1，0）。

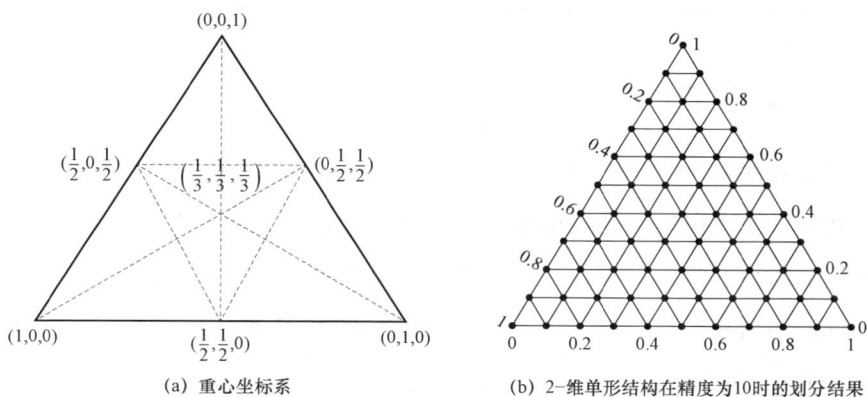

(a) 重心坐标系　　　　　　(b) 2-维单形结构在精度为10时的划分结果

图 4.4　单形结构划分举例

在权重向量与混合策略都离散化处理后，本研究给出了生成最优帕累托后悔值前沿 G_* 的近似算法。当相邻两次迭代产生值函数之间的差值位于参数 ϵ 之下，则迭代停止。$h(A,B)$ 用于衡量集合 A 与集合 B 之间的差值，通常定义为：

$$h(A,B) = \max_{\boldsymbol{a} \in A} \min_{\boldsymbol{b} \in B} \|\boldsymbol{a} - \boldsymbol{b}\|_{\infty} = \max_{\omega \in \Omega} |a^{\omega} - b^{\omega}| \qquad (4.15)$$

算法 4.1 给出了求解最优帕累托后悔值前沿 G_* 的具体步骤。

算法 4.1：生成最优帕累托后悔值前沿 G_* 的近似算法

输入：折扣因子 β，参数 ϵ，离散参数 ξ

输出：帕累托后悔值前沿 G

---

1. 生成连续型变量 $\boldsymbol{p}$ 的有限个离散化取值。$\forall \boldsymbol{p} \in P$ 初始化 $f_0(\boldsymbol{p})$，设 $k = 1$.

---

2. $\forall \boldsymbol{p} \in P$，依据规划求解 $f_k(\boldsymbol{p})$

$$f_k(\boldsymbol{p}) = \arg\min \sum_{\omega=1}^{|\Omega|} p_\omega g^\omega$$

$$\text{s.t.} g^\omega \geqslant \sum_{i \in I} x_i r(i, a^\omega) + \beta Q_{k-1}^\omega(\boldsymbol{p}, a^\omega)$$

$$Q_{k-1}^\omega(\boldsymbol{p}, a^\omega) \geqslant \min_{\boldsymbol{p} \in P} f_{k-1}^\omega(\boldsymbol{p})$$

3. 若 $h(f_k(\boldsymbol{p}), f_{k-1}(\boldsymbol{p})) < \epsilon$，迭代停止；否则进行 $k+1$ 步迭代，返回第二步

4.3.2.2　近似算法分析

对于算法 4.1，本研究将通过理论分析证明该近似算法的有效性能。首先分析在第 k 次迭代产生的近似帕累托后悔值前沿。记第 k 次迭代对应的理论帕累托后悔值前沿为 G_k，通过划分精度变量 N 产生的有限权重向量值 $\boldsymbol{p}$ 下生成的近似帕累托后悔值前沿为 G_{kN}，则定理 4.1 与定理 4.2 成立。

定理 4.1　在第一轮迭代下，即 $k=1$ 时，$h(G_{1N}, G_1) \leqslant \dfrac{1}{N}$。

证明　$h(G_{1N}, G_1) = \max_{\boldsymbol{g} \in G_1 \backslash G_{1N}} \min_{\boldsymbol{g}'} \|\boldsymbol{g}' - \boldsymbol{g}\|_\infty$

$$\leqslant \max\left\{ g'(\boldsymbol{p}') - g(\boldsymbol{p})_\infty : \boldsymbol{p}' - \boldsymbol{p}_\infty = \frac{1}{N} \right\}$$

$$= \frac{1}{N}。$$

定理 4.2　$h(G_{kN}, G_*) \leqslant \dfrac{1}{N} \dfrac{1 - \beta^k}{1 - \beta} + \dfrac{\beta\epsilon}{1 - \beta}$

证明　由三角不等式，$h(G_{kN}, G_*) \leqslant h(G_{kN}, G_k) + h(G_k, G_*)$。

依据定理 4.1 的结论，在第 k 轮迭代后，$h(G_{kN}, G_k) \leqslant \dfrac{1}{N}(1 + \beta + \cdots + \beta^{k-1}) = \dfrac{1}{N} \dfrac{1 - \beta^k}{1 - \beta}$。

当 $h(G_k, G_{k-1}) \leqslant \epsilon$ 时，迭代停止，故 $h(G_k, G_*) \leqslant \dfrac{1}{1 - \beta} h(G_k, G_{k-1}) \leqslant \dfrac{\beta\epsilon}{1 - \beta}$。

综上可得， $h(\mathrm{G}_{kN}, \mathrm{G}_*) \leqslant h(\mathrm{G}_{kN}, \mathrm{G}_k) + h(\mathrm{G}_k, \mathrm{G}_*) \leqslant \dfrac{1}{N} \dfrac{1-\beta^k}{1-\beta} + \dfrac{\beta\epsilon}{1-\beta}$ 。

定理 4.1 表明，第一轮迭代生成的近似帕累托后悔值前沿与理论帕累托后悔值前沿之间的误差上界由参数 p 的划分精度变量 N 决定。这表明，当划分精度变量 N 取值足够大时，近似帕累托后悔值前沿的误差会非常小。从定理 4.2 中可以得出，在迭代次数 k 与划分精度 N 足够大的情况下，算法 4.1 计算出的近似帕累托后悔值前沿 G_{kN} 与最优帕累托后悔值前沿 G_* 之间的误差可以足够小。

4.4 实验及分析

本节通过仿真实验来验证 4.3 节中提出的 $Q-$ 迭代算法求解帕累托后悔值前沿的收敛性，以及近似解的特性。仿真实验是在 8 GB RAM 和四核 1.60 GHz 处理器的 64 位 PC 上使用 MATLAB 2016a 实现的。

在仿真实验的安全博弈设置下，首先在区间 [-1，1] 中任意生成两个随机数 a, b，这两个参数的作用是为了生成防御者在每个目标上对应参数 $\{R_t^{d,\omega}, P_t^{d,\omega}\}$ 的取值，其中 $R_t^{d,\omega} = \max(a, b)$，$P_t^{d,\omega} = \min(a, b)$。以该方式生成的参数 $\{R_t^{d,\omega}, P_t^{d,\omega}\}$，条件 $R_t^{d,\omega} > P_t^{d,\omega}$ 总是满足的。

首先考虑防御者应对两种类型攻击者产生的帕累托后悔值前沿。实验参数设置中，目标数目为 4，防御者的混合策略维度为 4，离散参数 ξ 取值为 0.25，从而防御者策略的离散化取值有 84 种可能性情况。参数 β 取值为 0.8。对于 2 维连续型变量 p，取划分精度变量 $N = 20$，故 p 一共有 21 种离散化取值点。运行算法 4.1 可得到防御者应对两种攻击者类型时的 2 维帕累托后悔值前沿，如图 4.5 所示。图 4.5 中，"*"表示离散化后的 p 的每个可能取值情况对应的防御者后悔值向量点，该点的横坐标表示防御者策略应对类型 1 攻击者产生的后悔值，纵坐标表示防御者策略应对类型 2 攻击者产生的后悔值。第一轮迭代生成的帕累托后悔值前沿表示为图 4.5 最底端的曲线。随着迭代次数的增加，帕累托后悔值前沿的迭代效果由图 4.5 中箭头所示方向进行变化。图 4.6 给出了相邻两次迭代生成帕累托后悔值前沿之间的差值 h，其中横坐标 1 对应的纵坐标取值表示 1 次迭代结果与 2 次迭代结果之间的差值 h，h 的计算公式由式子（4.15）给出。

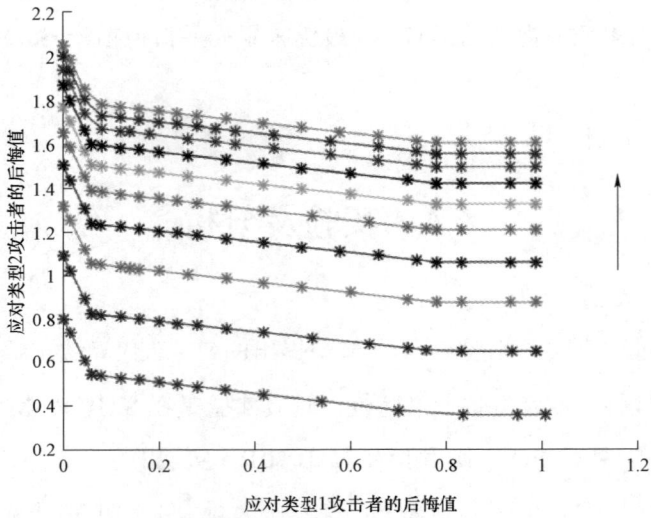

图 4.5　迭代 10 次时防御者应对两种攻击者类型的帕累托后悔值前沿

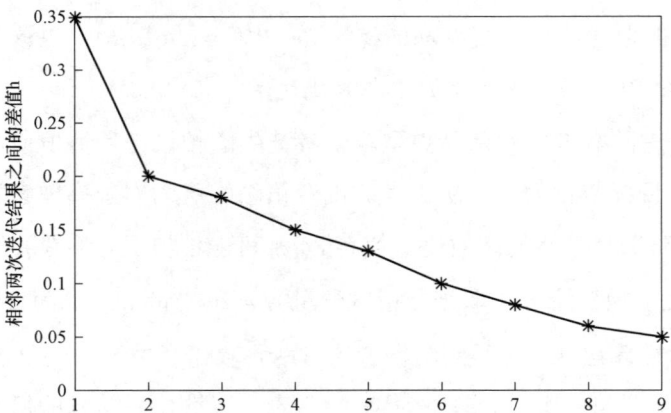

图 4.6　相邻两次迭代结果之间的差值

从图 4.5 与图 4.6 中可以看出，当迭代次数足够多时，帕累托后悔值前沿

会逐渐收敛到 G_*。

类似地，本研究考虑了防御者应对三种类型攻击者的安全博弈场景。对于 3 维连续型变量 $\boldsymbol{p}$，取划分精度变量 $N=10$，则 $\boldsymbol{p}$ 一共有 66 种可能性取值。目标数目仍取值为 4。在 2 种攻击者类型实验的基础上，以同样的方法生成防御者应对类型 3 攻击者的参数 $\{R_t^{d,3}, P_t^{d,3}\}$ 取值。一次迭代后得到的帕累托后悔值前沿由图 4.7 给出。由于 3 维情况下的帕累托后悔值前沿较难直观给出，本研究只给出了 1 次迭代下的效果图。

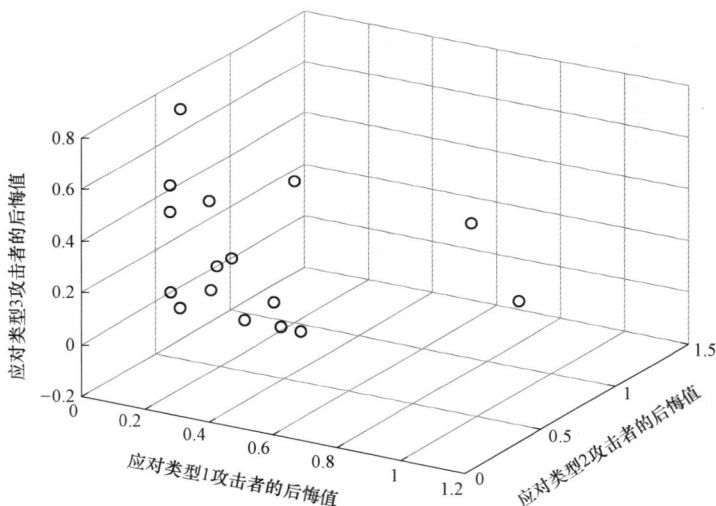

图 4.7　迭代 1 次后防御者应对三种攻击者类型的帕累托后悔值前沿

此外，为验证本研究近似算法在处理实际安全博弈问题时产生的误差在理论分析范围之内，本研究给出了近似算法在单防御者 vs 两个攻击者安全博弈场景中计算出的帕累托后悔值前沿误差与理论分析误差之间的关系。理论分析误差值由定理 4.2 不等式右端项给出。为模拟真实的帕累托后悔值前沿，本研究取 $N=100$ 时的结果作为真实帕累托后悔值前沿。图 4.8 给出了 N 分别取 2，4，8，16 时的近似帕累托后悔值前沿与 $N=100$ 时对应的帕累托后悔值前沿之间的差值。从图中观察得知，本研究给出的近似算法在处理不同安全博弈场景下得到的近似误差均小于理论分析误差的上界。这也进一步说明了算法 4.1 可以得到令防御者满意的近似帕累托后悔值前沿。

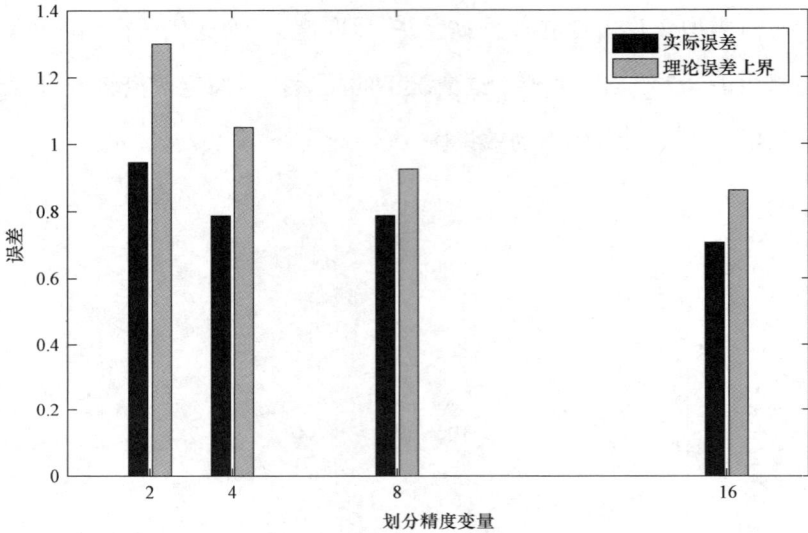

图 4.8　近似算法下的结果与理论值的比较

4.5　本章小结

本章研究了单防御者 vs 多攻击者重复安全博弈场景中的均衡解，其中防御者对于多种类型攻击者的理性程度以及具体的行动方式均具有不确定性。为此，本研究通过最差情况分析方法，假设每种类型的攻击者在重复博弈的每个阶段都以完全对抗型的方式选择攻击策略，即他们只关心如何使得防御者损失最大或者利益最小。防御者要在不确定性情况下最大化自身的收益等价于最小化由于不确定性引起的后悔值。考虑到防御者策略使得应对所有类型攻击者的后悔值同时达到最小是非常困难的，因此本研究建立了多目标后悔值优化模型，旨在计算防御者在无限次重复博弈后达到的最优帕累托后悔值前沿。本研究提出了线性规划上的 Q – 值迭代算法，通过近似算法求解最优帕累托后悔值前沿，并通过理论分析得到了近似算法的误差界，最后通过实验进一步验证了算法的合理性。

第 5 章　多防御者 vs 单攻击者安全博弈场景中的均衡解研究

5.1　引　言

现实生活中存在这样的一些安全场景，在这些场景中，多种不同类型的防御者共同保护同一些目标，以应对共同攻击者的攻击。但这些不同类型的防御者在部署策略时是相互独立的，不进行合作与协商。例如，在国际水资源保护中，不同国家可能同时在国际水域保护过程中采取反犯罪行动。根据报道显示，斯里兰卡与印度同时采取了保护行动以应对在帕克海峡的非法捕鱼行为。在美国重要港口的巡逻中，美国海岸警卫队与当地警察部门同时进行巡逻工作，但两部门之间并不直接进行交流沟通。这些场景可以提炼为一个新的安全博弈场景，即多种类型的防御者共同应对相同的攻击者，相互独立地去保护同一目标集合。针对安全博弈中多个防御者同时应对一个共同攻击者的场景，且不同防御者之间相互独立、不进行合作的行为，学者们做了较多的研究工作并取得了一定的进展。而解决该问题的主要突破点在于，合理推断攻击者的打破平局规则，即攻击者在面临多个最佳响应时应该如何决策。传统强斯塔克尔伯格均衡解假设攻击者在面临多个最佳响应时会选择对防御者收益最好的目标进行攻击，即防御者会获得攻击者的"青睐（Favor）"。但是，这样的打破平局规则在多防御者的场景下是失效的，因为哪个防御者最终会获得攻击者的"青睐"是不确定的。现有文献假设攻击者以随机的方式选择策略，即以相同的概率随机选择一个最佳响应策略，而这样的打破平局规则显然忽略了攻击者在选择策略时的复杂心理。以小升初考试中的成绩排名为例，假设某班有两个学生 A 和 B 的语文和数学总成绩相同，在初中录取时会侧重参考其中某一科的成绩从两个学生中选择一个进行录取。因此，即使总成绩相同，在录取决策时仍然会从其他方面对学生进行确切的排名。类似地，在安全博弈领域中，攻击者的最佳响应集合是能带给攻击者同等期望收益的目标集合，而期望收益是由防御者的决策 c 与参数 R_t^a、P_t^a 共同决定的，这并不意味着最佳响应集合中的目标在攻击者眼中是完全等同的。因此，假设攻击者在打破平局时以相同的概率选择其中一个最佳响应目标是不够严谨的。

本研究希望定义新的打破平局规则，结合大多数人在决策时的思考模式，考虑新打破平局规则下博弈的均衡解——逻辑斯塔克尔伯格多防御者均衡解 LSMDE（Logit Stackelberg Multi-Defender Equilibrium），并在最后给出了该均衡解的存在条件以及求解算法。本研究最后分析了 LSMDE 的另一种等价均衡解形式——多防御者之间的纳什均衡解并给出了相关求解算法。在纳什均衡解不存在的情况下，该算法可以得到满足条件的近似均衡解。

5.2 多领导者-共同追随者博弈模型

多领导者-共同追随者博弈（Multi-leader-common-follower game）[132-135] 是描述两个或多个相互竞争的领导者与共同追随者之间的交互行为。两个或多个领导者首先行动，共同的追随者在观察到领导者们的行动后再进行决策。根据现有研究，该类型的博弈可归类为带有均衡约束的均衡问题 EPEC（Equilibrium Problems with Equilibrium Constraints）。该问题旨在寻找到一个均衡解，其中任何一个领导者在其他领导者与追随者的行动给定后都不能再提高自己的收益。多个追随者之间也达到一个均衡点，没有任何一个追随者在多个领导者与其他追随者的行动给定后可以通过改变行动提高自己的收益。

本节中的符号与安全博弈模型下符号代表的意义不同。

假设 $k > 1$ 为领导者的个数，x_i 表示领导者 i 的决策变量，所有领导者的决策可简记为：$x = (x_1, \cdots, x_k)$。对于领导者 i 对应的优化问题给出了如下 EPEC：

$$
\begin{aligned}
&\min_{x_i, y, s} f_i(\hat{x}_i, y) \\
&s.t.\ g_i(\hat{x}_i, y) \geqslant 0 \\
&\quad h_i(\hat{x}_i, y) - s = 0 \\
&\quad 0 \leqslant y \perp s \geqslant 0
\end{aligned}
\tag{P5-1}
$$

在规划模型（P5-1）中，$\hat{x}_i = (x_1^*, \cdots, x_{i-1}^*, x_i, x_{i+1}^*, \cdots, x_k^*)$。对于多领导者—共同追随者的博弈，均衡解为 k 个 MPEC 的解集合。

$$
(x_i^*, y^*, s^*) \in
\begin{cases}
\operatorname{argmin}_{x_i \geqslant 0} f_i(\hat{x}_i, y) \\
s.t.\,g(\hat{x}_i, y) \geqslant 0, \\
h_i(\hat{x}_i, y) - s = 0, \\
0 \leqslant y \perp s \geqslant 0
\end{cases}
\forall i = 1, \cdots, k
\tag{P5-2}
$$

5.3 多防御者 vs 单攻击者安全博弈模型

在 5.2 节介绍的多领导者—共同追随者博弈模型的基础上，本研究将其扩展应用到安全博弈的场景中。其中，多防御者充当多领导者的角色，攻击者为追随者的角色。考虑到安全博弈场景的具体情况，本研究只考虑具有同一支付结构、同样理性程度与同样攻击行为的同一类型攻击者，最终可以归类为单攻击者。因此，本研究不考虑攻击者之间的博弈，仅考虑多防御者之间的纳什博弈以及多防御者与攻击者之间的斯塔克尔伯格博弈，如图 5.1 所示。

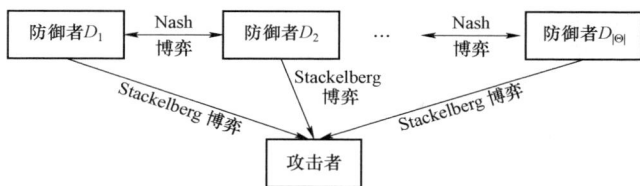

图 5.1　多防御者 vs 单攻击者安全博弈模型

针对多防御者相互独立地对抗单攻击者的场景，即来自类型集合 $\Theta = \{D_1, \cdots, D_{|\Theta|}\}$ 的多个防御者同时相互独立地保护目标集合 $T = \{t_1, \cdots, t_{|T|}\}$，其中每种防御者类型 θ 拥有 $m(\theta)$ 的资源数，本研究构建了多防御者 vs 单攻击者安全博弈模型。

5.3.1　多防御者 vs 单攻击者安全博弈模型

本研究首先考虑单个防御者对抗单个攻击者的安全博弈模型，再将其扩展到多个防御者的博弈模型中。

（1）策略：依据第 2 章节中给出的防御者策略的紧凑表达形式，每种防御者类型 θ 的覆盖概率向量集合可以表示为：$\Delta_c^{\theta} = \left\{ \boldsymbol{c}_{\theta} \mid \sum_{t \in T} c_t^{\theta} \leqslant m(\theta), c_t^{\theta} \in [0,1] \right\}$。记 $\Delta_c = [\Delta_c^1, \cdots, \Delta_c^{|\Theta|}]$ 为所有防御者的联合覆盖概率向量，攻击者的混合攻击策略为 $\Delta_a = \{ \boldsymbol{q} \in [0,1]^{|T|}, \boldsymbol{q}_1 = 1 \}$。

（2）期望收益（Expected utility）：在多防御者博弈场景下，若一个目标至少被一个资源所覆盖，则称该目标被保护，否则为未被保护。将防御者类型 θ 之外的所有防御者的联合覆盖策略记为 $\boldsymbol{c}_{-\theta}$，则 $\Delta_c = [\boldsymbol{c}_{\theta}, \boldsymbol{c}_{-\theta}]$。本研究将所有类型防御者联合保护下的目标被覆盖的情况记为 $\boldsymbol{x} = \langle x_t \rangle_{t \in T}$，其中 x_t 为联合策略下目标 t 被覆盖的情况，可以得到 $x_t = \mathrm{cov}_t \langle \Delta_c \rangle := 1 - \prod_{\theta \in \Theta}(1 - c_t^{\theta})$。在给定目标 t 被攻击的情况下，防御者类型 θ 的期望收益可以计算为：$U_{\theta}(\boldsymbol{x}, \mathrm{t}) = x_t R_t^{\theta} + (1 - x_t) P_t^{\theta}$，类似地，攻击者的收益为 $U_a(\boldsymbol{x}, \mathrm{t}) = x_t P_t^a + (1 - x_t) R_t^a$。给定博弈参与人的策略对 $\langle \Delta_c, \Delta_a \rangle$，防御者类型 θ 的期望收益可计算为：

$$U_\theta(\Delta_c, \Delta_a) = \sum_{t \in T} q_t \cdot U_\theta(\boldsymbol{x}, \mathrm{t}) = \sum_{t \in T} q_t \cdot [(1 - \prod_{\theta \in \Theta}(1 - c_t^\theta))R_t^\theta + (\prod_{\theta \in \Theta}(1 - c_t^\theta))P_t^\theta]$$

(5.1)

在多防御者安全博弈场景中，多防御者与攻击者之间所达到的均衡状态取决于攻击者对于联合防护策略的反响以及攻击者处理平局的方式，即面对多个最佳响应策略时如何抉择。在给出均衡解的定义之前，本研究首先考虑攻击者的一种新的打破平局规则。记 $\Gamma(\Delta_c) = \mathrm{argmax}_t U_a(\Delta_c, \Delta_a)$ 为攻击者应对多防御者联合防护策略 Δ_c 的最佳响应目标集合。而往往最佳响应集合中的目标不止一个，攻击者需要从中选出一个目标，这就需要合理定义打破平局的规则。

定义 5.1 目标的吸引力是一种引起攻击者兴趣程度的度量。它衡量了影响攻击者决策的其他特征对攻击者行为的影响程度，例如目标与攻击者的距离 l 以及目标所在区域的繁华程度 den。

在推断攻击者的决策行为时，打破平局的规则要尽可能较为真实地反映攻击者做决策时的心理。最佳响应集合中的目标是能够带给攻击者同等期望收益的目标集合，而期望收益是由防御者的策略 Δ_c 以及攻击者在目标 t 上的参数值 $\{R_t^a, P_t^a\}$ 共同决定的。但这并不意味着最佳响应集合中的目标对于攻击者是完全等同的。攻击者或许会更加青睐距离自己较近的目标攻击，或许会选择位于繁华程度更大区域的目标，这样能给防御者带来更大的麻烦与损失。为综合考虑多种因素对攻击者的影响，本研究将考虑这些因素的线性组合形式。目标 t 的吸引力值 v_t 可表示为：

$$v_t = \alpha_1 \frac{1}{l_t} + \alpha_2 \mathrm{den}(t), \quad \alpha_1 + \alpha_2 = 1, 0 \leqslant \alpha_1, \alpha_2 \leqslant 1 \qquad (5.2)$$

其中，l_t 表示攻击者与目标 t 的距离，$\mathrm{den}(t)$ 表示目标 t 所处区域的繁华程度。

从式子（5.2）可以观察到，最佳响应集合中目标的吸引力值与离攻击者的距离成反比，与所在区域的繁华程度成正比。在定义最佳响应集合中目标的吸引力值后，本研究定义了攻击者的打破平局规则—逻辑打破平局规则

（Logit Tie-breaking Rule），并基于该规则定义了逻辑斯塔克尔伯格多防御者均衡解 LSMDE（Logit Stackelberg Multi-Defender Equilibrium）。

定义 5.2　在逻辑打破平局规则下，一个最佳响应集合中的目标以 $p_t = \dfrac{e^{\lambda v_t}}{\sum_{t' \in \Gamma(\Delta_c)} e^{\lambda v_{t'}}}$ 的概率被选中，其中 λ 为非负参数，不失一般性，λ 的值取值为 1。

定义 5.3　一个策略对 $\langle \Delta_c, \Delta_a \rangle$ 为一个 LSMDE 当且仅当每个防御者的策略都是应对其他参与人的最佳响应策略，且攻击者在面临多个最佳响应策略时会以逻辑打破平局规则进行策略抉择。

5.3.2　LSMDE 的性质

引理 5.1　在 LSMDE 中，对任意的防御者 θ，攻击者总是选择纯策略攻击，即 $q_t \in \{0,1\}$。

证明　假设在 LSMDE 中，攻击者的策略为混合策略。在攻击者为完全理性的假设下，混合策略意味着在最佳响应集合中至少存在两个目标对攻击者具有相同的吸引力值。故攻击者无法做出准确决策，从而选择混合策略攻击。考虑一个子博弈均衡，固定防御者类型 θ 之外其他类型防御者的策略，防御者类型 θ 获得了攻击者的"喜爱"，即防御者类型 θ 达到了单防御者应对单攻击者的 SSE 效果。依此，可以得到 $|\Theta|$ 个不相同的子博弈均衡解。

假设混合策略下目标 t_1 和 t_2 能带给攻击者相同的收益且对攻击者具有相同的吸引力值。而目标 t_1 和 t_2 分别位于不同的子博弈均衡解中，假设目标 t_1 对应着防御者 θ_1 最终获得了攻击者的"喜爱"，目标 t_2 是攻击者选择的支持防御者 θ_2 的最佳策略。此时，防御者 θ_1 可以增加对目标 t_2 的覆盖，减小对目标 t_1 的覆盖，从而诱导攻击者去攻击目标 t_1，这与只有自己作为防御者时的博弈所对应的 SSE 效果相同，显然与 LSMDE 的定义相矛盾。

定理 5.1 一个策略对 $\langle \Delta_c, \Delta_a \rangle$ 为 LSMDE 当且仅当其满足：

$$\langle \Delta_c, \Delta_a \rangle \in \min_{\Delta_c, \widehat{\Delta}_c(\Delta_c)} \max_q \{ G(\Delta_c, \widehat{\Delta}_c(\Delta_c)|\boldsymbol{q})|G(\Delta_c, \widehat{\Delta}_c(\Delta_c)|\boldsymbol{q}) \leqslant 0 \} \quad （5.3）$$

其中，$G(\Delta_c, \widehat{\Delta}_c(\Delta_c)|\boldsymbol{q}) := \sum_{\theta=1}^{|\Theta|} [U_\theta(\boldsymbol{c}_\theta, \boldsymbol{c}_{-\theta}, \boldsymbol{q}) - (\max_{\boldsymbol{c}_\theta \in \Delta_c^\theta} U_\theta(\boldsymbol{c}_\theta, \boldsymbol{c}_{-\theta}, \boldsymbol{q}))]$，$\widehat{\Delta}_c(\Delta_c) = (\boldsymbol{c}_{-1}, \boldsymbol{c}_{-2}, \cdots, \boldsymbol{c}_{-|\Theta|}) \subseteq R^{|\Theta| \cdot (|\Theta|-1)}$。

证明 仅需要证明当其中一个防御者选择策略后其他防御者不能通过改变策略增加自身的收益，进而其他防御者需保持自身策略不变。在满足纳什均衡约束的条件下再去使得攻击者收益最大化。

对任意可行的 $\boldsymbol{c}_\theta \in \Delta_c^\theta, \theta = 1, 2, \cdots, |\Theta|$，$\widehat{\Delta}_c(\Delta_c) = (\boldsymbol{c}_{-1}, \boldsymbol{c}_{-2}, \cdots, \boldsymbol{c}_{-|\Theta|}) \subseteq R^{|\Theta| \cdot (|\Theta|-1)}$，

定义 $G(\Delta_c, \widehat{\Delta}_c(\Delta_c)|\boldsymbol{q}) := \sum_{\theta=1}^{|\Theta|} [U_\theta(\boldsymbol{c}_\theta, \boldsymbol{c}_{-\theta}, \boldsymbol{q}) - (\max_{\boldsymbol{c}_\theta \in \Delta_c^\theta} U_\theta(\boldsymbol{c}_\theta, \boldsymbol{c}_{-\theta}, \boldsymbol{q}))]$。若对任意防御者的策略 $\boldsymbol{c}_\theta \in \Delta_c^\theta$，$U_\theta(\boldsymbol{c}_\theta, \boldsymbol{c}_{-\theta}, \boldsymbol{q}) - (\max_{\boldsymbol{c}_\theta \in \Delta_c^\theta} U_\theta(\boldsymbol{c}_\theta, \boldsymbol{c}_{-\theta}, \boldsymbol{q})) \leqslant 0$，该条件满足纳什均衡特性。整个博弈为多个防御者与一个攻击者之间的非合作 Stackelberg-Nash 博弈，达到均衡状态时 $G(\Delta_c, \widehat{\Delta}_c(\Delta_c)|\boldsymbol{q}) \leqslant 0$ 成立。故若策略对 $\langle \Delta_c, \Delta_a \rangle$ 为 LSMDE，式子（5.3）成立。

5.3.3 LSMDE 的求解

5.3.3.1 计算防御者类型 θ 的最佳响应策略 $\boldsymbol{c}_\theta^*$

在计算 LSMDE 之前，本研究先给出其中一个防御者类型 θ 最佳响应策略 $\boldsymbol{c}_\theta^*$ 的计算方法。基于定义 5.3，$\boldsymbol{c}_\theta^*$ 可通过建立规划模型（P5-3）进行求解。

$$\max_{\boldsymbol{c}_\theta, \boldsymbol{q}, b} U_\theta(\boldsymbol{c}_\theta, \boldsymbol{c}_{-\theta}, \boldsymbol{q}) \quad （P5\text{-}3）$$

$$s.t. \ q_t \in \{0,1\}, \ \forall t \in T \quad （5.4）$$

$$\sum_{t \in T} q_t = 1 \quad （5.5）$$

$$b_t \in \{0,1\}, \ \forall t \in T \quad （5.6）$$

$$\sum_{t \in T} b_t \geqslant 1, \quad \forall t \in \Gamma(\Delta_c) \tag{5.7}$$

$$c_\theta \in \Delta_c^\theta, \quad \forall \theta \in \Theta \tag{5.8}$$

$$0 \leqslant V - U_a(\Delta_c, t) \leqslant (1 - b_t) \cdot M, \quad \forall t \in T \tag{5.9}$$

在（P5-3）中，目标函数为防御者 θ 的期望收益。约束（5.4）与（5.5）表示攻击者只选择纯策略进行攻击，这是根据引理 5.1 得出的。约束（5.6）与（5.7）对应着攻击者的最佳响应集合，表示攻击者的最佳响应个数不少于 1 个，这是因为逻辑打破平局规则允许攻击者选择多个最佳响应。b_t 取值为 1 的目标组成的集合构成攻击者的最佳响应集合，即 $|\Gamma(\Delta_c)| = \sum_{t \in T} b_t$。依据变量 $\boldsymbol{b}$ 得到攻击者的最佳响应集合后，可通过定义 5.2 中的逻辑打破平局规则确定最佳响应集合中目标 t 被攻击者选中的概率 p_t，$p_t = \dfrac{\mathrm{e}^{\lambda v_t}}{\sum_{t' \in \Gamma(\Delta_c)} \mathrm{e}^{\lambda v_{t'}}} = \dfrac{b_t \cdot \mathrm{e}^{\lambda v_t}}{\sum_{t \in T} b_t \cdot \mathrm{e}^{\lambda v_t}}$。约束（5.8）为防御者 θ 可行的策略集合。约束（5.9）计算攻击者的最优收益 V。该约束保证了攻击者问题的对偶可行性（最左端不等式）以及攻击者最优策略的互补松弛条件（最右端不等式）。

在逻辑打破平局规则下，防御者 θ 的目标函数可以进一步表示为：

$$\begin{aligned} U_\theta(\boldsymbol{c}_\theta, \boldsymbol{c}_{-\theta}, \boldsymbol{q}) &= \sum_{t \in T} q_t \cdot U_\theta(\boldsymbol{x}(\Delta_c), t) \cdot p_t \\ &= \sum_{t \in T} q_t \cdot U_\theta(\boldsymbol{x}(\Delta_c), t) \cdot \frac{\mathrm{e}^{\lambda v_t}}{\sum_{t' \in \Gamma(\Delta_c)} \mathrm{e}^{\lambda v_{t'}}} \\ &= \frac{\sum_{t \in T} b_t \cdot q_t \cdot \mathrm{e}^{\lambda v_t} \cdot U_\theta(\boldsymbol{x}(\Delta_c), t)}{\sum_{t \in T} b_t \cdot q_t \cdot \mathrm{e}^{\lambda v_t}} \end{aligned} \tag{5.10}$$

式子（5.10）表示，攻击者在选择策略时分两步走：首先，依据防御者的策略找出最佳响应集合 $\Gamma(\Delta_c)$，并在最佳响应集合上依据目标吸引力值确定逻辑概率分布，以确定每个最佳响应被选中的概率；其次，在选中最佳响应策略后以纯策略进行攻击。攻击者只将最佳响应集合中的目标纳入决策范围，最佳响应集合之外的目标被选择的可能性为 0，即防御者策略 Δ_c 对应的攻击者策略的支撑集为目标集合的一个子集。从式子（5.10）中还能进一步观察到，当 λ 取值为 0 时，最佳响应集合中的目标以相同的概率被选择，这对应着 Lou 等人提出的平均打破平局规则[78]，此时意味着攻击者以最大任意程度选择目标。本研究将举例说明在两种不同打破平局规则下的博弈均衡解的差别。

5.3.3.2 计算 LSMDE

基于 5.3.3.1 中防御者 θ 最佳响应策略的计算，多防御者 vs 单攻击者的博弈均衡解可以定义为如下规划解的集合：

$$(c_\theta^*, q^*) \in \begin{cases} \operatorname{argmax}_{c_\theta, q} U_\theta(c_\theta, c_{-\theta}, q) \\ \text{约束}(5.4) - (5.9) \end{cases}, \forall \theta \in \Theta \qquad （F1）$$

要确定多防御者 vs 单攻击者博弈均衡解的存在性以及唯一性是非常困难的。这是因为除防御者 θ 以外的其他防御者策略 $c_{-\theta}$ 固定时，（F1）对应的每个规划都是二次的。此外，对于每种类型的防御者，都需要求解（F1），所有规划模型面临同一个攻击者的决策 q，公共决策变量 q^* 给均衡解的存在性及求解方法带来了进一步的困难。幸运的是，通过将多防御者 vs 单攻击者博弈分解为一系列单防御者 vs 单攻击者博弈的集合，多防御者 vs 单攻击者博弈下的均衡解性质可由分解后博弈的交集所确定。

记多防御者 vs 单攻击者博弈对应的 LSMDE 集合为 S，该博弈可以建立 $|\Theta|$ 个相关的博弈，其中公共决策变量 q 恰好被附加到一种确定的防御者类型上。对于防御者 $\bar{\theta} \in \Theta$，该博弈可以通过双层规划（F2）进行描述。规划（F2）如下所示：

$$(c_{\bar{\theta}}^*, q^*) \in \begin{cases} \operatorname{argmax}_{c_{\bar{\theta}}, q} U_{\bar{\theta}}(c_{\bar{\theta}}, c_{-\bar{\theta}}, q) \\ \text{约束}(5.4) - (5.9) \end{cases} \qquad \text{F2（a）}$$

$$c_\theta^* \in \begin{cases} \operatorname{argmax}_{c_\theta, q} U_\theta(c_\theta, c_{-\theta}, q) \\ \text{约束}(5.4) - (5.9), q = q^* \end{cases}, \forall \theta \in \Theta, \ \bar{\theta} \neq \theta \qquad \text{F2（b）}$$

将修改后博弈（F2）的均衡解集合记为 $S_{\bar{\theta}}$，（F1）的均衡解集合记为 S。则多防御者 vs 单攻击者的均衡解 LSMDE 有以下特性。

定理 5.2　$S = \cap_{\bar{\theta}=1}^{|\Theta|} S_{\bar{\theta}}$。

证明　在 S 集合中选择一个点 $(\Delta_c^*, \boldsymbol{q}^*)$。对于任意的 $\bar{\theta} \in \Theta$，$(c_{\bar{\theta}}^*, \boldsymbol{q}^*)$ 是针对防御者 $\bar{\theta}$ 求解规划（F1）得到的解。故对于防御者 $\bar{\theta}$，规划 F2（a）也成立。同时，对于任意的 $\bar{\theta} \in \Theta$，$c_{\bar{\theta}}^*$ 也是 F2（b）的解，故 $(\Delta_c^*, \boldsymbol{q}^*) \in \cap_{\bar{\theta}=1}^{|\Theta|} S_{\bar{\theta}}$。

反之，在 $\cap_{\bar{\theta}=1}^{|\Theta|} S_{\bar{\theta}}$ 中选择一个点 (Δ_c^*, a^*)，则该点同样为（F1）的解。故 $\cap_{\bar{\theta}=1}^{|\Theta|} S_{\bar{\theta}} \in (\Delta_c^*, \boldsymbol{q}^*)$。

进而 $S = \cap_{\bar{\theta}=1}^{|\Theta|} S_{\bar{\theta}}$ 得证。

在定理 5.2 中，存在不同防御者类型对应的 $S_{\bar{\theta}}$ 的交集为空的情况，此时 LSMDE 不存在。本研究提出算法 5.1，寻找 LSMDE。

算法 5.1：寻找 LSMDE

输入：防御者类型集合、攻击者、参数 $\{R_t^{\theta}, P_t^{\theta}, R_t^{a}, P_t^{a}\}, \forall \theta \in \Theta$

输出：一个 LSMDE 或者"不存在 LSMDE"

---

1. **for** $\bar{\theta} \in \Theta$

2. 基于规划 F（2）求解 $S_{\bar{\theta}}$

3. **endfor**

4. **if** $\cap_{\bar{\theta}=1}^{|\Theta|} S_{\bar{\theta}} \neq \varnothing$

5. **return** 唯一的 LSMDE　$S = \cap_{\bar{\theta}=1}^{|\Theta|} S_{\bar{\theta}}$

6. **else**

7. **Return**"LSMDE"不存在

8. **endif**

引理 5.2　算法 5.1 的时间复杂度为 $O(2|\Theta||T|^{|\Theta|})$。

证明　对于防御者 θ，当攻击者选择的目标 t 是应对防御者 θ 的最佳响应策略时，记 P_t^{θ} 为防御者的覆盖向量集合。此时，P_t^{θ} 可被目标 t 拆分为两个半平面。对于所有类型防御者构成的策略空间，其可被 $O(|\Theta||T|)$ 个半平面所拆

分。而 c_{θ} 本身是 $O(|I_{\theta}|+|T|)$ 个半平面的交集[137]，其中 $|I_{\theta}|$ 表示防御者 θ 的纯策略集合数目，其最大取值为目标集合的子集数目 $2^{|T|}$。故策略空间 Δ_c 共有的半平面集合规模为 $O((|I_{\theta}|+|T|)\cdot|\Theta|)$。因此，LSMDE 是从规模为 $O((|I_{\theta}|+|T|)\cdot|\Theta|+|\Theta||T|)$ 的半平面空间中取 $|\Theta|$ 个半平面的交集，即

$$\binom{(|I_{\theta}|+|T|)\cdot|\Theta|+|\Theta||T|}{|\Theta|}\in O(2|\Theta||T|^{|\Theta|})。$$

注意到集合 S 为有限个凸多面体的交集，故集合 S 本身也为一个凸多面体。图 5.2 表示在两种防御者同时保护两个目标时，集合 S 非空时的条件。

在两种类型防御者分别持有 1 个资源保护 2 个目标的场景中，$\Delta_c^1=\{c_1\mid c_1^1+c_2^1\leqslant 1, c_1^1,c_2^1\in[0,1]\}$；$\Delta_c^2=\{c_2\mid c_1^2+c_2^2\leqslant 1, c_1^2,c_2^2\in[0,1]\}$。

在两种类型防御者的联合防护策略 Δ_c 下，攻击者在目标 t_1 与 t_2 上获得的收益分别为：$U_a(\boldsymbol{x},t_1)=x_1 P_1^a+(1-x_1)R_1^a$，$U_a(\boldsymbol{x},t_2)=x_2 P_2^a+(1-x_2)R_2^a$。其中，$x_1=1-(1-c_1^1)\cdot(1-c_1^2)$，$x_2=1-(1-c_2^1)\cdot(1-c_2^2)$。当 $U_a(\boldsymbol{x},t_1)>U_a(\boldsymbol{x},t_2)$ 时，攻击者选择目标 t_1 进行攻击，当 $U_a(\boldsymbol{x},t_2)>U_a(\boldsymbol{x},t_1)$ 时，攻击者选择目标 t_2 进行攻击。考虑 $U_a(\boldsymbol{x},t_1)=U_a(\boldsymbol{x},t_2)$ 的情况，可以得到二维变量 $\boldsymbol{x}$ 中 x_1 与 x_2 的关系，由图 5.2 中划分三角形区域的直线表示。

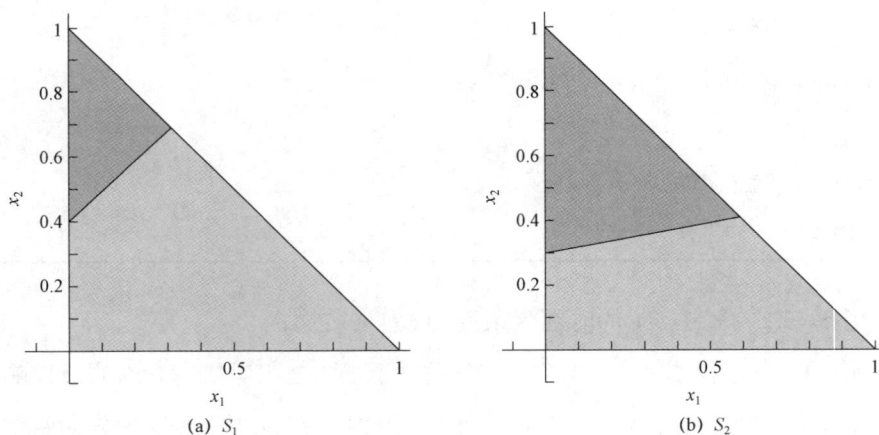

(a) S_1 (b) S_2

图 5.2 均衡解集合 S 的几何表示

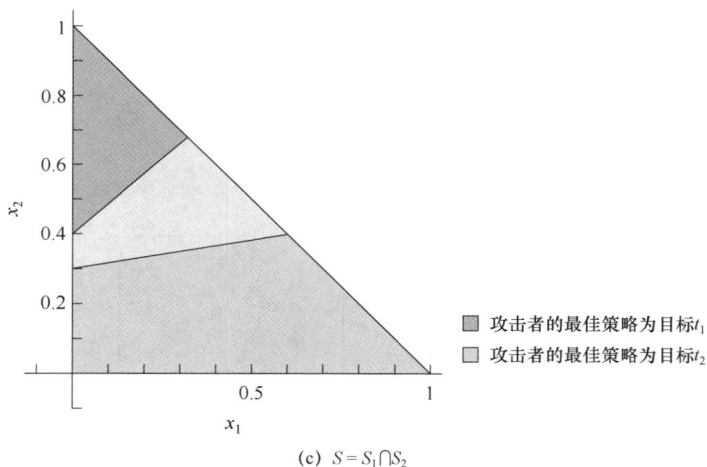

(c) $S = S_1 \cap S_2$

图 5.2　均衡解集合 S 的几何表示（续）

图 5.2（a）表示当攻击者策略为防御者 D_1 的最佳响应策略时的解集合，深灰色部分表示攻击者应对防御者 D_1 的最佳响应策略为攻击目标 t_1，浅灰色部分表示攻击者应对防御者 D_1 的最佳响应策略为攻击目标 t_2；同样地，图 5.2（b）表示当攻击者策略为防御者 D_2 的最佳响应策略时的解集合。图 5.2(c)中，深灰色部分则表示目标 t_1 同时为攻击者应对防御者 D_1 与防御者 D_2 的最佳响应策略，浅灰色部分表示目标 t_2 同时为攻击者应对防御者 D_1 与防御者 D_2 的最佳响应策略，此时交集 $S = S_1 \cap S_2$ 非空。若防御者策略位于中间最浅灰色部分，则交集 $S = S_1 \cap S_2 = \varnothing$。

例子 5.1　本研究给出一个简单例子说明 LSMDE 的求解算法以及性质，并将本研究提出的逻辑打破平局规则与平均打破平局规则下的博弈均衡解做了比较。

假设两个防御者需要保护分布在图 5.3 所示区域中的目标集合 $\{t_1, t_2, t_3, t_4, t_5, t_6, t_7\}$，其中一个防御者 D_1 拥有 2 个保护资源，防御者 D_2 拥有 1 个保护资源。为便于分析，此处假设对于两个防御者来说，目标集对应的参数 $\{R_t^\theta, P_t^\theta, R_t^a, P_t^a\}, \theta = 1,2$ 取值相同，见表 5.1。假设区域 II 与攻击者的距离比区域 I 与攻击者的距离要远。为简化计算，假设两个区域具有相同的人口密度。

故目标的吸引力取值 v_t 仅仅与距离有关。不失一般性,假设距离 $l_I = 1, l_{II} = 2$。根据式子（5.2）可得, $v_I = 1, v_{II} = \frac{1}{2}$。这也意味着 t_1, t_2, t_3, t_4 的吸引力值取值相同, t_5, t_6, t_7 的吸引力值取值相同。

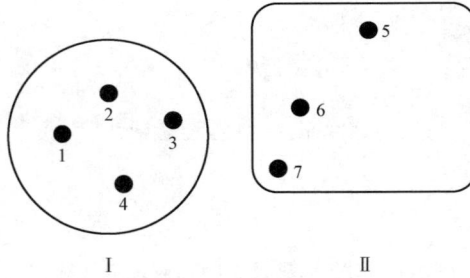

图 5.3 目标的位置分布

表 5.1 参数 $\{R_t^\theta, P_t^\theta, R_t^a, P_t^a\}, \theta = 1,2$ 的取值

	t_1	t_2	t_3	t_4	t_5	t_6	t_7
$R_t^\theta, \theta = 1,2$	1	3	7	5	4	2	3
P_t^a	0	0	0	0	0	0	0
$P_t^\theta, \theta = 1,2$	0	0	0	0	0	0	0
R_t^a	1	3	3	4	5	7.5	4

为计算 LSMDE,根据算法 5.1 的要求,防御者 D_1 与 D_2 的最佳响应策略 $c_\theta^*, \theta = 1,2$ 需要迭代求解。首先建立规划模型（P5-4）计算防御者 D_1 的最佳响应策略 c_1^*。

$$\max_{c_1, q, b} \frac{\sum_{t \in T} b_t \cdot q_t \cdot e^{\lambda v_t U_1(c_1, c_2, t)}}{\sum_{t \in T} b_t \cdot q_t \cdot e^{\lambda v_t}} \qquad (\text{P5-4})$$

$$s.t. \; q_1, q_2, q_3, q_4, q_5, q_6, q_7 \in \{0,1\} \qquad (5.11)$$

$$\sum_{t \in T} q_t = 1 \qquad (5.12)$$

$$b_t \in \{0,1\}, \; \forall t \in \{t_1, t_2, t_3, t_4, t_5, t_6, t_7\} \qquad (5.13)$$

$$\sum_{t\in T} b_t \geq 1, \tag{5.14}$$

$$c_1^1, c_2^1, c_3^1, c_4^1, c_5^1, c_6^1, c_7^1 \in [0,1] \tag{5.15}$$

$$c_1^1 + c_2^1 + c_3^1 + c_4^1 + c_5^1 + c_6^1 + c_7^1 \leq 2 \tag{5.16}$$

$$0 \leq V - U_1^a(c_1, c_2) \leq (1 - b_1) \cdot M \tag{5.17}$$

$$0 \leq V - U_2^a(c_1, c_2) \leq (1 - b_2) \cdot M \tag{5.18}$$

$$0 \leq V - U_3^a(c_1, c_2) \leq (1 - b_3) \cdot M \tag{5.19}$$

$$0 \leq V - U_4^a(c_1, c_2) \leq (1 - b_4) \cdot M \tag{5.20}$$

$$0 \leq V - U_5^a(c_1, c_2) \leq (1 - b_5) \cdot M \tag{5.21}$$

$$0 \leq V - U_6^a(c_1, c_2) \leq (1 - b_6) \cdot M \tag{5.22}$$

$$0 \leq V - U_7^a(c_1, c_2) \leq (1 - b_7) \cdot M \tag{5.23}$$

本研究通过在 1.60 GHz、Core-8250CPU 和 8 GB 内存的机器上运行 LINGO 软件求解规划模型（P5-4），求得攻击者的最佳响应策略为 $\{t_4\}$，防御者 D_1 的最大收益为 2.136 3。类似地，可求得防御者 D_2 的最佳响应策略。此时，攻击者的最佳响应策略为 $\{t_5\}$，防御者 D_2 可获得的最大期望收益为 2.737 9。观察可得，应对不同防御者类型的攻击者最佳响应集合是不同的，且没有交集。根据算法 5.1 的分析，$S_1 = ((0, 0.11, 0.11, 0.33, 0.47, 0.64, 0.34), \{t_4\}) \bigcap S_2 = ((0,0,0,0,0.33,0.67,0), \{t_5\}) = \varnothing$，故该例子中的 LSMDE 不存在。

此外，本研究将实验结果与 Lou 等人[77]提出的攻击者平均打破平局规则下的实验结果进行了对比。平均打破平均规则下，攻击者最佳响应集合中的目标以相等的概率被选择。结果如图 5.4 所示。从图中可以看出，本研究提出的逻辑打破平局规则相比于平局打破规则可以给不同类型防御者带来更大的收益。这表明本研究提出的逻辑打破平局规则要更加贴合攻击者真实的行为决策。

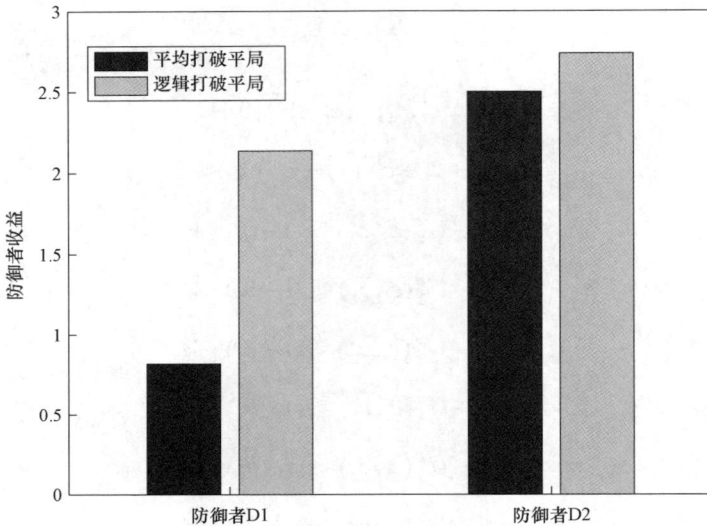

图 5.4 不同打破平局规则下防御者的收益

5.4 LSMDE 的等价均衡解

根据 5.3 节的分析，在多防御者 vs 单攻击者的安全博弈下，依据逻辑打破平局规则定义的 LSMDE 不一定存在。本节分析了 LSMDE 的另一个等价的均衡解形式及其主要性质、求解算法。

在多防御者 vs 单攻击者的安全博弈中，推论 5.1 成立。

推论 5.1 一个 LSMDE 可以看作多防御者之间的纳什均衡解。

证明 假设 $(\Delta_c^* = [c_1^*, \cdots, c_{|\Theta|}^*], t)$ 为博弈所有参与人之间的一个 LSMDE。根据定义 5.3，LSMDE 中的目标 t 满足：$t \in \Gamma(\Delta_c) := \mathrm{argmax}_t U_a(\Delta_c, t)$。由于最佳响应集合中的目标往往不止一个，防御者在进行攻击行为的预测时会对最佳响应集合上的元素产生一个概率分布 $b(\Gamma(\Delta_c))$，而在 LSMDE 中，这一概率分布由逻辑打破平局规则所确定。故攻击者的行为完全由所有防御者的联合策略所诱导，由逻辑打破平局规则所确定。故攻击者在该博弈场景下可以看作为外部环境因素，从而这个博弈变为多防御者之间的博弈。由于 LSMDE

中防御者之前的策略也互为彼此策略的最佳响应，因此满足纳什均衡的条件。从而多防御者 vs 单攻击者的均衡解可等价看作多防御者之间的纳什均衡解。

定义 5.4　多防御者的联合策略 Δ_c 是纳什均衡策略 NE，若其中每个防御者的策略都是给定其他防御者策略后的最佳响应。

由于 LSMDE 在多防御者 vs 单攻击者的博弈中不一定存在，这也表明多防御者之间的纳什均衡策略也不一定存在。一般地，本研究分析近似的 $\varepsilon - NE$，即所有防御者的策略偏离最佳响应的程度都不会超过 ε。当 ε 充分大时，可保证近似 $\varepsilon - NE$ 的存在性，故本研究需找出能够使得 $\varepsilon - NE$ 存在的最小的 ε。

定义 5.5　多防御者的联合策略 Δ_c 是近似纳什均衡策略 $\varepsilon - NE$，当且仅当对所有的防御者 $\theta \in \Theta$ 以及 $\Delta_c' \in \{\langle c_\theta', c_{-\theta} \rangle : c_\theta' \in \Delta_c^\theta\}$ 均满足 $U_\theta(\Delta_C, b(\Gamma(\Delta_C))) \geqslant U_\theta(\Delta_c', b(\Gamma(\Delta_c'))) - \varepsilon$，其中 $\langle c_\theta', c_{-\theta} \rangle$ 表示防御者的联合策略 Δ_c 中的 c_θ 被 c_θ' 所代替，$b(\Gamma(\Delta_C))$ 是防御者针对攻击者在最佳响应集合上根据逻辑打破平局规则推断出的概率取值。

上述定义中的 ε 可以换个角度理解，其等价于防御者的后悔值。对于防御者的联合策略 Δ_c，当联合策略变为 Δ_c' 后，防御者 θ 产生的相对后悔值可以定义为：$r_\theta(\Delta_c', \Delta_c) = U_\theta(\Delta_c', b(\Gamma(\Delta_c'))) - U_\theta(\Delta_C, b(\Gamma(\Delta_C)))$，$\Delta_c' \in \{\langle c_\theta', c_{-\theta} \rangle : c_\theta' \in \Delta_c^\theta\}$。防御者 θ 的后悔值则定义为：$r_\theta(\Delta_c) = \max_{\Delta_c'} r_\theta(\Delta_c', \Delta_c)$。据此可以得知，若一个联合策略构成多防御者之间的纳什均衡策略，则每个防御者选择的策略都不会引起后悔，即 $r_\theta(\Delta_c^*) = 0, \forall \theta \in \Theta$。故纳什均衡的求解可以转化为求解后悔值函数的根。一个联合策略 Δ_c 为 $\varepsilon - NE$ 则意味着 $r_\theta(\Delta_c^*) \leqslant \varepsilon$。

5.4.1　多防御者安全博弈中求解 $\varepsilon\text{-}NE$

为计算多防御者之间的纳什均衡解，本研究基于多参与人博弈中求解纳什均衡的排除算法[136]提出了求解多防御者之间纳什均衡的算法。排除算法的提出是用于求解多参与人博弈中的纳什均衡解。该算法大大提高了博弈参与人数目的上限，并且是第一个成功解决所有博弈实例的算法。该方法主要包括三个步骤：节点选择策略、排除规则和细分方案。具体实施步骤为：首先根据节点选择策略确定要探索的区域，其次基于排除规则确定该区域中是否存在平衡点，最后，对于第二步不能排除的区域再根据细分方案对其进行分割。基于此，本研究提出了用于求解多防御者之间纳什均衡解的改进算法（算法 5.2）。

首先需要确定多防御者安全博弈均衡求解算法的策略搜索空间。在本研究给出的博弈设定下，所有防御者的联合策略空间为 $\Delta_c = [c_1, \cdots, c_{|\Theta|}]$，其中 c_θ 的维度为目标数目 $|T|$，故 Δ_c 的维度为 $|T| \cdot |\Theta|$。对于防御者 θ 而言，在资源数目确定的情况下，其策略空间的维度可由 $|T|$ 降为 $|T| - 1$，其中 $c_{|T|}^\theta = m(\theta) - \sum_{t=1}^{|T|-1} c_t^\theta$。此时，所有防御者的联合策略空间为 $\widetilde{\Delta_c} = [\tilde{c}_1 \cdots, \tilde{c}_{|\Theta|}]$ 且维度为 $(|T| - 1) \cdot |\Theta|$。

显然，$\widetilde{\Delta_c}$ 为凸多面体，满足 $(c_1^1 \cdots c_{|T|-1}^1 \cdots c_1^{|\Theta|} \cdots c_{|T|-1}^{|\Theta|}) \in R^{(|T|-1) \cdot |\Theta|}$，$0 \leqslant c_t^\theta \leqslant 1$。

由于策略空间 $\widetilde{\Delta_c}$ 太大，搜索均衡解较为困难，因此将其分解为若干个小区域 $R_l, l \in L$，这些小区域的并集需要能够覆盖初始空间 $\widetilde{\Delta_c}$，即 $\widetilde{\Delta_c} \subseteq \cup_{l \in L} R_l$。由于超矩形的顶点数目与体积均大于单形结构，这有利于后续的排除步骤，因此本研究采用超矩形进行区域的划分。

对于划分后的小区域 $R_l, l \in L$，为确定各个区域的计算顺序，需要对其进行排序。排序方程为：

$$g(R_l, \Delta_c^0) = \max_{\theta \in \Theta} r_\theta(\Delta_c^0) \qquad (5.24)$$

其中，Δ_c^0 为每个区域的中心点。算法首先选择 g 取值较小的区域进行处理，求解该区域中的均衡解。

每个超矩形对应着三种情况：① 超矩形完全位于策略搜索空间之外；② 超矩形的部分区域位于搜索空间内，部分区域位于搜索空间外；③ 超矩形全部位于搜索空间内。为了排除一些均衡解不可能存在的区域，对于每个超矩形将其每个维度 y 上对应的上界与下界记为 u_y 与 l_y。根据防御者 θ 的可行

策略空间 $\Delta_c^{\theta} = \{c_{\theta} \mid \sum_{t \in T} c_t^{\theta} \leqslant m(\theta), c_t^{\theta} \in [0,1]\}$ 的要求，若一个区域所有维度的下界之和超出了防御者 θ 的资源数目 $m(\theta)$，即 $\sum_{y \in \Delta_c^{\theta}} l_y \geqslant m(\theta)$，则该区域可被直接排除。此外，对于超矩形部分区域位于搜索空间内的情况，需要引入排除规则将位于搜索空间外的区域排除出去。记每个区域的中心点沿着维度 y 上的取值为 $\Delta_c^0(y) = \dfrac{l_y + u_y}{2}$，位于该区域的任意一点距离角点的最大距离可计算为：$d = \dfrac{1}{2} \sqrt{\sum_{y \in \widetilde{\Delta_c^{\theta}}} (u_y - l_y)^2}$。若一个区域对于防御者类型集合中的部分 θ 满足：

$$r_{\theta}(\Delta_c^0) > 2d \cdot M_{\theta}^* \tag{5.25}$$

则该区域可被排除。在式子（5.25）中，$M_{\theta}^* = 2(\max_{\Delta_c} U_{\theta}(\Delta_c) - \min_{\Delta_c} U_{\theta}(\Delta_c))$ 为防御者 θ 后悔值的上界。

算法 5.2：求解 $\varepsilon - NE$ 的改进排除算法

将初始策略搜索空间划分为若干小区域，使得所有小区域的并集可以覆盖整个空间排除掉所有维度的下界之和超出防御者 θ 资源数目 $m(\theta)$ 的小区域

对于余下的小区域，依据（5.24）计算每个小区域 R_l 对应的 g，对应每个防御者 θ，计算 M_{θ}^*

重复下述步骤直至条件满足：

1. 选择 g 取值最小的区域

---

2. 对于步骤 1 所选区域的中心点 Δ_c^0

if Δ_c^0 完全位于搜索空间外，则进行步骤 3；

else 计算 $r_{\theta}(\Delta_c^0)$

if $r_{\theta}(\Delta_c^0)$ 满足式子（5.25），则排除该区域返回步骤 1；

else 进行步骤 3

3. 将区域进行等分，对于新划分的区域计算对应的 g 取值

4. 当 $r_{\theta}(\Delta_c^0) < \varepsilon, \forall \theta \in \Theta$ 成立时算法停止。

为便于理解，本研究给出一个简单例子。

假设一个防御者持有 1 个资源，需要去保护 3 个目标。防御者对资源的覆盖概率向量需要满足 $0 \leqslant c_1, c_2, c_3 \leqslant 1$，且 $c_1 + c_2 + c_3 = 1$。事实上，策略空间只需要考虑二维的而不是三维的，这是因为 $c_3 = 1 - c_1 - c_2$。故算法的核心在于计算满足 $0 \leqslant c_1, c_2 \leqslant 1$ 的 c_1 与 c_2。此时，搜索空间为 2 维的且在每个维度上的上界与下界分别为 0 和 1。

考虑 $c_1 + c_2 \leqslant 1$ 的情况，若是 $c_3 \geqslant 0$ 则该解是可行的。以任意一个超矩形区域为例，可能存在的情况有三种：① 整个区域都满足 $c_1 + c_2 \leqslant 1$；② 整个区域都不可行，即满足 $c_1 + c_2 > 1$；③ 部分区域可行而部分不可行。

若某个超矩形对应着情况②，则该区域没有可行解，可直接将其排除。例如，超矩形满足：c_1 位于区间 $[0.6, 0.7]$，c_2 位于区间 $[0.7, 0.8]$。两个维度的下界分别取值为 0.6 与 0.7，此时对应的 $c_3 = 1 - c_1 - c_2 = 1 - 0.6 - 0.7 = -0.3$。故这样的区域可直接将其排除，纳什均衡不可能位于其中。

若超矩形满足：c_1 位于区间 $[0.3, 0.7]$，c_2 位于区间 $[0.4, 0.6]$，则对应着情况③，其部分区域位于搜索空间内，部分空间位于搜索空间外。此时，该区域需要进行进一步细分，将不在搜索空间内的区域完全排除出去。

5.4.2 实验评估

本章节将算法 5.2 用于求解多防御者安全博弈模型下的纳什均衡解。实验结果都是在 1.60 GHz、Core-8250CPU 和 8 GB 内存的机器上通过 MATLAB 2016a 运行出来的。安全博弈中每个防御者 θ 在每个目标 t 上获得的奖励 R_t^{θ} 从 $(0, 5]$ 中随机选取，惩罚 P_t^{θ} 从 $[-5, 0)$ 随机选取。算法运行停止的条件设置为 $r(\Delta_c) \leqslant \varepsilon = 10^{-2}$。由于防御者的策略空间是连续的，故计算每个策略对应的后悔值是非常困难的。因此，本研究将防御者的策略 Δ_c 进行离散化处理。

以防御者类型 θ 的策略空间 $\Delta_c^{\theta} = \left\{ c_{\theta} \mid \sum_{t \in T} c_t^{\theta} \leqslant m(\theta), c_t^{\theta} \in [0,1] \right\}$ 为例，c_t^{θ} 可被表示为 $c_t^{\theta} = \frac{1}{N} \cdot n_t$，其中 $\frac{1}{N}$ 为离散单位，$\{n_t\}$ 为非负整数集合且满足 $\sum_{t \in T} n_t = N$。例如，在目标数目为 2 时 $N = 2$，此时混合策略集合为（0，1）、（0.5，0.5）、（1，0）。若防御者类型 θ 的资源数目 $m(\theta) > 1$，则 $c_t^{\theta} = \frac{m(\theta)}{N} \cdot n_t$，对于所得结果中元素大于 1 的混合策略可直接舍弃。

以 2 维安全博弈模型为例。假设 2 个防御者分别持有 1 个资源用于保护 2 个目标。原始策略空间 $\Delta_c = (c_1^1, c_2^1, c_1^2, c_2^2)$ 为 4 维的。由于 $c_2^1 = 1 - c_1^1$，$c_2^2 = 1 - c_1^2$，故策略空间可降为 $\widetilde{\Delta_c} = (c_1^1, c_1^2)$，$0 \leqslant c_1^1 \leqslant 1, 0 \leqslant c_1^2 \leqslant 1$。将该搜索区域进行细分，每个区域规格为 0.1*0.1。对于防御者的混合策略搜索空间，离散划分精度 $\frac{1}{N} = 0.01$。

在表 5.2 中，$\varepsilon_{\theta}(\theta = 1,2,3)$ 的值表示防御者类型 $\theta = 1,2,3$ 的后悔值。从中可以观察得到，随着防御者策略空间维度的增大，算法运行时间变长。但是，在给定 ε 的情况下，算法 5.2 均求解得到了满意的近似纳什均衡解 $0.01 - NE$。

表 5.2　算法 5.2 实验结果

防御者类型数目 $|\Theta|$	目标数目 $|T|$	策略空间维度	ε_1	ε_2	ε_3	运行时间/s
2	2	2	0.003 7	0.006 3	—	0.063 47
2	3	4	0.01	0.007 5	—	12.873
2	4	6	0.002	0.005	—	150.178 2
3	2	3	0.000 375	0.000 5	0.000 5	1.232 2
3	3	6	0.000 5	0.000 5	0.000 875	98.206 8

此外，本研究将算法 5.2 与一个基于迭代最佳响应 IBR（Iterated Best Response）[138] 的启发式搜索算法进行了比较。将 IBR 算法用于求解本研究模

型的具体步骤是：从所有防御者的联合策略中选取一个初始化策略 Δ_c；对于其中一个防御者 θ，固定其他参与人的策略 $c_{-\theta}$，更新防御者 θ 的策略 c_θ 至 c'_θ，计算防御者 θ 在策略更新前后所获收益之间的差值；若差值在可以接受的范围内，则将 c'_θ 作为防御者 θ 的最佳响应策略，否则继续更新策略直到差值位于满意的范围之内。防御者在每个目标上获得的收益或者惩罚参数与算法 5.2 所设的值相同，同时算法的停止条件为 $\varepsilon \leqslant 10^{-2}$ 或者迭代次数为 200。IBR 算法求解本研究模型中多防御者之间近似纳什均衡解的情况见表 5.3。

表 5.3　IBR 算法实验结果

防御者类型数目 $|\Theta|$	目标数目 $|T|$	策略空间维度	ε_1	ε_2	ε_3	运行时间/s
2	2	2	0.002 9	0.004 3	—	1.725
2	3	4	0.009 9	0.009 8	—	13.956
2	4	6	**0.028 8**	**0.049 8**	—	—
3	2	3	0.002 3	0.003 9	0.003 8	1.893
3	3	6	**0.029 4**	**0.029 4**	**0.039 3**	—

从表 5.3 中可以观察到，IBR 算法在维度为 6 时，在算法迭代停止的要求内无法找到满足条件的近似纳什均衡解。此外，在能够求得近似均衡解的情况下，求解速度要慢于本研究给出的排除算法。

在 IBR 算法运行的过程中，本研究发现该算法对初值的依赖性较大。若初值选取不合理，则算法在有限迭代次数内或者规定时间内无法找到满意的近似均衡解，或者找到的均衡解仅仅是局部最优。而本研究提出的排除算法首先降低了搜索空间的维度，并排除了部分不可能存在纳什均衡点的区域。此外，对于可能存在纳什均衡点的区域又依据后悔值的大小进行了排序，这些步骤加快了算法求解的速度，要远远优于 IBR 算法。

5.5　本章小结

本章研究了多防御者 vs 单攻击者安全博弈中的均衡解，其中多个防御者同时行动、相互独立地保护同一目标集合，攻击者在观察到多防御者的联合策略后选择策略进行攻击。在该博弈模型中，单防御者 vs 单攻击者安全博弈下定义的 SSE 会失效，因为 SSE 假设攻击者在面临多个最佳响应时会选择对防御者最好的策略。但是在多防御者情况下，哪种类型的防御者最终会获得攻击者的"青睐"是难以确定的，因此需要重新定义攻击者的打破平局规则。本研究定义了逻辑打破平局规则，在该规则下，攻击者选择最佳响应集合中目标的概率与该目标所在的区域、人口密度等带来的吸引力值有关。根据逻辑打破平局规则，本研究定义了多防御者 vs 单攻击者安全博弈模型中的 LSMDE，并设计了相应的求解算法。最后分析了 LSMDE 的等价均衡解—防御者之间的纳什均衡解。由于 LSMDE 不一定存在，故纳什均衡解也不能保证存在，因此本研究考虑了近似纳什均衡解，通过改进的排除算法进行求解，并与 IBR 算法进行了比较。实验结果表明，本研究提出的算法相比于 IBR 算法不仅可以求解出更多博弈实例中的近似纳什均衡解，而且求解的速度要快于 IBR 算法。

第6章 广义多防御者 vs 单攻击者安全博弈场景中的均衡解研究

6.1 引　言

不同于第 5 章考虑的多防御者 vs 单攻击者场景,本章节场景中的多类型防御者并非指多种类型的不同个体,而是同一防御者个体在攻击者视角可能存在多种可能性。在许多安全博弈场景中,由于信息的不对称性,攻击者对防御者的类型不能完全了解。例如,警察在出警时会选择穿便衣,隐藏起部分或者全部保护资源,让攻击者对防御者的实力有所误判。此时,实力强大的防御者可以通过隐藏保护资源"装作"弱实力防御者,攻击者由于误判选择的策略是针对弱实力防御者的最佳响应,而非应对强实力防御者应采取的最佳策略。这会给防御者带来一定的额外收益。防御者的类型通过拥有的资源数目来定义,即保护资源的数目不同则防御者的类型不同。

受此启发,本研究防御者"虚张声势"的欺骗行为,即"弱实力"的防御者可以通过一定手段假装为"强实力"的防御者。该场景在战争中很常见。例如,在 1940 年英军与意大利的一场战役中,双方军队实力相差悬殊,比例接近 1:100。情急之下,实力较弱的英军用充气橡皮做了数百辆假坦克、假野炮、假载重卡车,甚至修建了假公路。意大利军队通过观察侦察机拍摄的画面误以为英军实力强大,于是停止了进攻。英军借助虚假资源的力量对意大利军队的判断造成了干扰,从而吓退了敌军。因此,在攻击者对防御者资源类型不了解的情况下虚假资源可以在一定程度上充当真实资源的角色，因此可以帮助"弱实力"防御者起到"虚张声势"的作用。

本研究分析安全博弈场景中防御者类似的"虚张声势"行为，以提高防御者在博弈中的收益。首先，本研究提出虚张声势安全博弈模型 BSG（Bluffing Security Game），其中拥有虚假资源的防御者可以借助信息不对称性假装自身的资源全部真实，从而达到"弱实力"装作"强实力"的目的。其次，本研究将此场景建模为信号博弈，目的是找出博弈的完美贝叶斯均衡解 PBE。最后，本研究提出混合整数三次规划求解 PBE，通过降低维度的方法将此规划转化为混合整数二次规划，并且通过仿真实验证实了本研究模型在建模防御者"虚张声势"行为上的有效性。

6.2　虚张声势安全博弈模型

针对防御者可以利用虚假资源进行"虚张声势"的战略行为，即拥有较少真实资源的"弱实力"防御者借助虚假资源的力量在一定程度上可以充当拥有较多真实资源的"强实力"防御者，本研究构建了虚张声势安全博弈模型。在介绍虚张声势安全博弈模型之前，本研究首先介绍拥有虚假资源的斯塔克尔伯格安全博弈，其中防御者的资源类型同时包括真实资源与虚假资源。此时，防御者仅对真实资源与虚假资源进行部署，不发出虚假信号。

6.2.1　拥有虚假资源的斯塔克尔伯格安全博弈

本研究首先考虑防御者除了拥有真实资源还拥有一定数目虚假资源的安全博弈。被虚假资源保护的目标实际上没被保护，攻击者以 $(1-r)$ 的概率错以为该目标是被真实资源保护。换句话说，虚假资源以 r 的概率会被攻击者正确地发现。记防御者的覆盖概率向量为：$c = \left\langle c_i^Y \right\rangle, Y \in \{R, F\}$，其中 R 表示真实资源，F 表示虚假资源。从攻击者视角，攻击者仅关心某个目标是否被保护，而不是该目标被哪种类型的资源所保护。故攻击者所观察到的防御者策略可以表示为 $z = \langle z_t, z_t \in \{0,1\} \rangle$，其中 $z_t = 0$ 表示攻击者观察到目标 t 未被保护，而 $z_t = 1$ 表示攻击者观察到目标 t 被保护。给定防御者的覆盖概率向量，攻击者观察到的覆盖概率向量 e 与防御者覆盖概率向量 c 之间的关系由命题 6.1 给出。

命题 6.1　　$e_t = c_t^R + (1-r)c_t^F$。

证明　　防御者的纯策略可表示为 $i = \langle i_t, i_t \in \{R, F, NULL\} \rangle$，其中 $i_t = NULL$ 表示目标 t 没有被任何类型的资源所保护。记防御者的混合策略为 x 且 x_i 为选择纯策略 i 的可能性大小。条件概率 $P(z|i)$ 表示防御者的策略 i 被攻击者观察为 z 的可能性大小。记攻击者观察到的纯策略 z 出现的可能性为 $Prob(z)$，则 $Prob(z) = \sum_{i \in I} x_i P(z|i)$。$e_t$ 可表示为

$$
\begin{aligned}
e_t &= \sum_z Prob(z) z_t \\
&= \sum_z \sum_{i \in I} x_i P(z|i) z_t \\
&= \sum_{i \in I} x_i \sum_z P(z|i) z_t
\end{aligned}
\tag{6.1}
$$

为计算 $\sum_z P(z|i) z_t$，首先引入示性函数：

$$
\chi_Y(z_t) = \begin{cases} 1, z_t = Y, \\ 0, z_t \neq Y. \end{cases}
$$

因此，$\sum_z P(z|i) z_t$ 可在两种不同的情况下进行计算。给定 $\chi_F(z_t) = 1$，即目标 t 被虚假资源所覆盖时，$\sum_z P(z|i) z_t$ 可计算为：

$$
\begin{aligned}
\sum_z P(z|i) z_t &= \sum_{z, z_t = 1} P(z|i) \\
&= \sum_{z, z_t = 1} \prod_{t \in T} P(z_t|i_t) \\
&= \sum_z P(z_t = 1 | \chi_F(z_t) = 1) \prod_{t' \in T, t' \neq t} P(z_{t'}|i_{t'}) \\
&= (1-r) \sum_z \prod_{t' \in T, t' \neq t} P(z_{t'}|i_{t'}) \\
&= 1 - r
\end{aligned}
\tag{6.2}
$$

同样地，给定 $\chi_R(z_t) = 1$ 时可得：$\sum_z P(z|i)z_t = 1$。因此，攻击者观察到的防御者策略 e 可计算为：

$$
\begin{aligned}
e_t &= \sum_{i \in I} x_i (\chi_F(z_t) + \chi_R(z_t)) \cdot \sum_z P(z|i)z_t \\
&= \sum_{i \in I} x_i (\chi_R(z_t) + (1-r)\chi_F(z_t)) \\
&= c_t^R + (1-r)c_t^F.
\end{aligned}
$$

给定防御者的覆盖概率向量 c 和攻击者的攻击策略 q，博弈双方的期望收益可分别计算为：

$$
U_d(\boldsymbol{c}, \boldsymbol{q}) = \sum_{t \in T} q_t (c_t^R R_t^d + (1 - c_t^R)P_t^d) \tag{6.3}
$$

$$
U_a(\boldsymbol{c}, \boldsymbol{q}) = \sum_{t \in T} q_t (e_t P_t^a + (1 - e_t)R_t^a) \tag{6.4}
$$

从式子（6.3）可以观察到，防御者的期望收益只依赖于真实资源的覆盖，虚假资源不影响防御者的期望收益。从式子（6.4）中可以观察到，攻击者的期望收益取决于自身对防御者策略的观察，并非防御者的实际资源覆盖向量。

安全博弈中，通常来说攻击者的最佳响应策略会有多个，但是防御者可以诱导攻击者从中选择一个利于攻击者的最佳响应策略[124]。即给定防御者策略 c，攻击者观察到的策略 e 以及攻击者的最佳响应集合 $\Gamma(\boldsymbol{e})$，存在一个最优响应策略 t 能被防御者所诱导。关于被诱导出的攻击策略 t，命题 6.2 成立。

命题 6.2　给定防御者策略 c，攻击者观察到的策略 e，攻击者的最佳响应集合 $\Gamma(\boldsymbol{e})$ 以及被诱导的目标 t，在目标 t 上不应该放置虚假资源。

证明　由式子（6.3）可知，防御者的期望收益由真实资源的布置所决定，与虚假资源无关，故在诱导目标 t 上放置虚假资源对防御者的期望收益是没有影响的。保持最佳响应集合不变，防御者可以从其他目标"借"一些真实资源放置在诱导目标 t 上，此时诱导目标 t 的真实资源覆盖概率增大，从而能够带给防御者更大的收益。

6.2.2 虚张声势安全博弈模型

虚张声势安全博弈模型是在传统斯塔克尔伯格安全博弈模型的基本框架上添加了信息不对称性扩展而来，其中防御者拥有资源的真实性是私有信息，攻击者不能获知。防御者通过 m 个真实资源与 n 个虚假资源保护目标集合 $T = \{t_1, \cdots, t_{|T|}\}$。不同类型的防御者依据拥有真实资源与虚假资源的数目来定义，即在防御者类型集合 Θ 中，每种防御者类型 θ 有不同数目的真实资源 $m(\theta)$ 与虚假资源 $n(\theta)$。自然以概率分布 $p : \Theta \rightarrow [0,1]$ 选择防御者类型，该概率分布对博弈双方是已知的。

在虚张声势安全博弈模型中，防御者的真实资源与虚假资源数目是私有信息。此时，防御者可以利用此信息不对称性释放信号，该信号是关于自己持有资源数目的信息。由于攻击者不能准确区分真实资源与虚假资源的区别，因此防御者可以借此机会发出信号，让攻击者误认为虚假资源也是真实资源，从而达到欺骗攻击者的目的。本研究假设防御者类型 θ 发出的信号 s 满足：$m(\theta) \leqslant s \leqslant m(\theta) + n(\theta)$，即告知攻击者自身持有的资源数目位于真实资源与全部资源（真实资源与虚假资源的和）之间。由此可知，信号告知攻击者的数目不少于自身持有的真实资源数目，因此体现了防御者的"虚张声势"行为。虚张声势安全博弈模型的主要要素如下：

（1）策略：防御者的策略不仅包括资源覆盖概率向量，还包括信号释放策略。防御者 θ 的资源覆盖概率向量集合记为：$\Delta_c^\theta = \{c = \langle c_t^Y \rangle, Y = \{R, F\}, c_1^R \leqslant m(\theta),$ $c_1^F \leqslant n(\theta)$，其中 R 表示真实资源，F 表示虚假资源。穷尽所有的防御者类型，资源覆盖概率向量集合为 $\Delta_c = \cup_{\theta \in \Theta} \Delta_c^\theta$。防御者的信号释放策略为 $o = \langle o_s \rangle$，其中 o_s 表示发出信号 s 的概率。对于防御者 θ，信号释放策略可表示为 $\Delta_o^\theta = \{o \in [0,1]^{n(\theta)+1}, o_1 = 1\}$。同样地，穷尽所有的防御者类型，信号释放策略集合为 $\Delta_o = \cup_{\theta \in \Theta} \Delta_o^\theta$。在本研究中，攻击者以纯策略进行攻击，其攻击策略集合可以表示为 $\Delta_a = \{q \in \{0,1\}^{|T|}, q_1 = 1\}$。定义 $\pi_d = \langle \pi_c, \pi_o \rangle$ 为防御者的保护方针，

其中 $\pi_c : \Theta \times S \to \Delta_c$ 为防御者的覆盖概率向量方针，$\pi_c(\theta, s) \in \Delta_c^\theta$ 表示防御者在释放信号 s 后所采取的覆盖概率向量；$\pi_o : \Theta \to \Delta_o$ 为防御者的信号释放方针，$\pi_o(\theta) \in \Delta_o^\theta$ 为类型为 θ 的防御者采取的混合信号释放策略。类似地，攻击者的攻击方针可记为：$\pi_a : S \to \Delta_a$，其中 $\pi_a(s) \in \Delta_a$ 表示攻击者在接收到信号 s 后采取的攻击策略。

（2）贝叶斯法则：攻击者在接收到信号后，会对防御者的类型进行后验修正。后验修正依据贝叶斯法则，即在接收到信号 s 之后，攻击者对防御者 θ 的后验概率为：

$$\mu(\theta|s) = \frac{p_\theta \pi_o(s \mid \theta)}{\sum_{\theta' \in \Theta} p_{\theta'} \pi_o(s \mid \theta')} \tag{6.5}$$

在式子（6.5）中，$\pi_o(s \mid \theta)$ 为防御者 θ 发出信号 s 的概率，分母 $\sum_{\theta' \in \Theta} p_{\theta'} \pi_o(s \mid \theta') > 0$ 表示信号 s 以正的概率被释放。若信号 s 以正的概率被释放则称 s 在均衡路径 $I(s)$ 上。

（3）收益：给定博弈双方的方针对 (π_c, π_o, π_a)，防御者 θ 与攻击者的收益可分别计算为：

$$
\begin{aligned}
P_d(\pi_c(\theta), \pi_o(\theta), \pi_a) &= \sum_{s:s \in [m(\theta), m(\theta) + n(\theta)], s \in Z^+} \pi_o(s \mid \theta) U_d(\pi_c(\theta, s), \pi_a(s)) \\
&= \sum_s \pi_o(s \mid \theta) \sum_{t \in T} (\pi_{c^R}(t \mid \theta, s)(R_t^d - P_t^d) + P_t^d) \cdot \pi_a(t|s)
\end{aligned}
\tag{6.6}
$$

$$
\begin{aligned}
P_a(\pi_c, \pi_o, \pi_a) &= \sum_{\theta \in \Theta} \mu(\theta|s) U_a(\pi_c(\theta, s), \pi_a(s)) \\
&= \sum_{\theta \in \Theta} \frac{p_\theta \pi_o(s \mid \theta)}{\sum_{\theta' \in \Theta} p_{\theta'} \pi_o(s \mid \theta')} \sum_{t \in T} (\pi_e(t \mid \theta, s)(P_t^a - R_t^a) + R_t^a) \cdot \pi_a(t \mid s)
\end{aligned}
\tag{6.7}
$$

式子（6.7）中，$\pi_e(t \mid \theta, s) = \pi_{c^R}(t \mid \theta, s) + (1 - r)\pi_{c^F}(t \mid \theta, s)$，其中 $\pi_{c^F}(t \mid \theta, s)$ 为防御者 θ 在接收到信号 s 后对虚假资源的分配策略。该式子是通过命题 6.1 得到的。

综上，虚张声势安全博弈模型可通过图 6.1 形象描述。

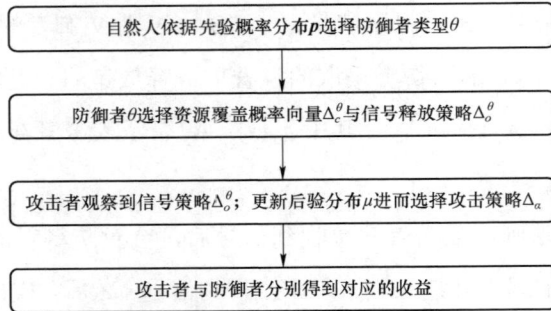

图 6.1 虚张声势安全博弈步骤

该模型的均衡解基于完美贝叶斯均衡解 PBE 得到。定义 6.1 给出了该均衡解需要满足的条件。

定义 6.1 防御者策略 $\pi_d^* = \left\langle \pi_c^*(\theta), \pi_o^*(\theta) \right\rangle$ 与攻击者策略 π_a^* 构成完美贝叶斯均衡解当且仅当以下两个条件同时成立：

（1）$\left\langle \pi_c^*(\theta), \pi_o^*(\theta) \right\rangle = \mathrm{argmax}_{\pi_c(\theta),\pi_o(\theta)} P_d(\pi_c(\theta),\pi_o(\theta),\pi_a^*), \forall \theta \in \Theta$，

（2）$\pi_a^*(s) \in \mathrm{argmax}_{\pi_a(s) \in \Delta_a} P_a(\pi_c^*,\pi_o^*,\pi_a(s))$。

本研究通过例子 6.1 简单阐述虚张声势安全博弈模型。

例子 6.1 假设防御者需要保护的目标集合为 $\{A,B,C\}$。防御者类型有两种，第一种类型的防御者有 2 个真实资源，没有虚假资源；第二种类型的防御者有 1 个真实资源与 1 个虚假资源。记真实资源多的第一种类型防御者为强实力类型，第二种类型的防御者为弱实力类型。初始自然选择概率分布为（0.5，0.5）。参数 $\left\{ R_t^d, P_t^d, R_t^a, P_t^a \right\}$ 的值由表 6.1 给出。

若每种类型的防御者发出的信号为自身的真实类型，则博弈为传统的斯塔克尔伯格安全博弈。此时均衡解 SSE 可通过 IBM ILOG CPLEX Optimization Studio Version 12.6.1 求解得出。该例子中，参数 r 的值设置为 0.3。强实力类型的防御者的覆盖概率向量计算结果为 $<0.82, 0.92, 0.26>$ 且攻击者依据 SSE 中的打破平局规则选择目标 B 进行攻击。此时防御者与攻击者所获收益分别为 -0.65，0.73。弱防御者类型真实资源的覆盖概率向量结果为 $<0.12, 0.88$,

0＞，虚假资源的覆盖概率向量结果为＜0.88，0，0.12＞。攻击者的策略依旧是选择目标 B。此时，弱实力防御者获得收益 -0.94，攻击者获得 1.06 的收益。博弈树由图 6.2 给出。

表 6.1　参数 $\{R_t^d, P_t^d, R_t^a, P_t^a\}$ 取值，$t \in \{A, B, C\}$

	A	B	C
R_t^d	0	0	0
P_t^d	-12	-8	-1
R_t^a	4	9	1
P_t^a	0	0	0

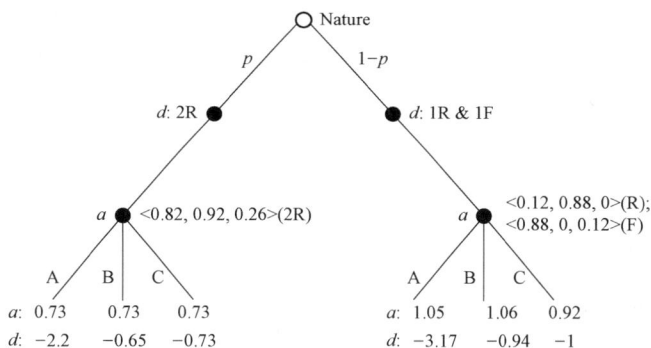

图 6.2　释放真实类型信号时的博弈树

接着本研究给出虚张声势安全博弈模型在例子 6.1 中的具体结果并计算出均衡解 PBE。

依据虚张声势安全博弈模型，弱实力防御者采取信号策略 $\pi_o(s=2)=1$，$\pi_o(s=1)=0$，即弱实力防御者告知攻击者她拥有 2 个真实资源。攻击者在观察到该信号策略后，无法从该信号得出防御者类型。故后验概率分布依然为（0.5，0.5）。此时，强实力类型防御者采取 SSE 中的策略获得 0.73 的收益。弱实力类型的防御者将会把更多真实资源放置在目标 B，这是因为目标 B 是攻击者应对强实力类型防御者的最佳响应策略。弱实力类型的防御者可从目

标 A 借来 $0.92 - 0.88 = 0.04$ 的真实资源，从而可达到与强实力类型防御者在目标 B 上一样的资源布置。攻击者误把弱实力类型的防御者看为强实力类型，因此仍然选择目标 B 进行攻击。弱实力类型的防御者因此可获得 -0.65 的收益，显然 $-0.65 > -0.94$ 。虚张声势安全博弈树由图6.3给出。

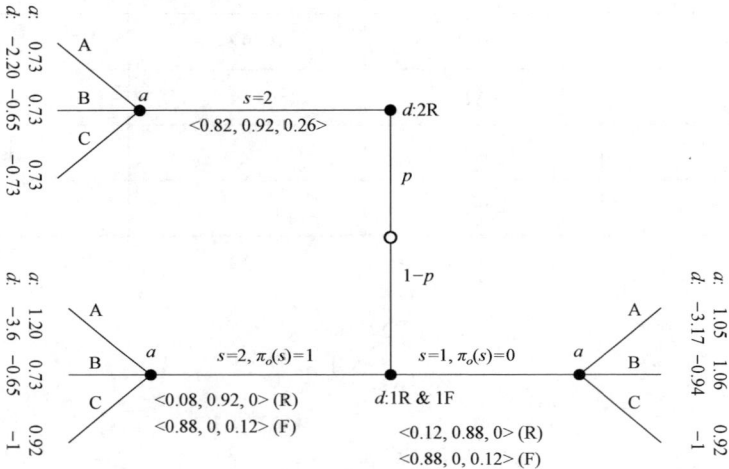

图6.3　虚张声势安全博弈树

表6.2直观列出了不同类型防御者对应的均衡解SSE与PBE在均衡策略与博弈双方收益上的差别。在"均衡策略"一列中，{（0.08，0.92，0）R，（0.88，0，0.12）F， $\pi_o(s=2)=1, \pi_o(s=1)=0$ ，" B "}表示防御者的真实资源部署策略为（0.08，0.92，0），虚假资源的部署策略为（0.88，0，0.12），防御者的信号释放策略为以1的可能性告知攻击者自己拥有的2个资源全部是真实的，攻击者的攻击策略为目标 B 。从表中可以直观得到，"弱实力"防御者在PBE中通过信号策略可提高自己的收益，在一定程度上可以与达到"强实力"防御者相同的收益水平。

表6.2　均衡解

均衡解 类型	防御者 类型	均衡策略	收益	p ， μ
SSE	强实力	{（0.82，0.92，0.26），" B "}	（ -0.65 ，0.73）	

续表

均衡解类型	防御者类型	均衡策略	收益	p，μ
SSE	弱实力	$\{(0.12，0.88，0)\,\mathrm{R}，(0.88，0，0.12)\,\mathrm{F}，$ " B " $\}$	$(-0.94，1.06)$	
PBE	强实力	$\{(0.82，0.92，0.26)，\pi_o(s=2)=1，\pi_o(s=1)=0，$ " B " $\}$	$(-0.65，0.73)$	0.5，0.5
PBE	弱实力	$\{(0.08，0.92，0)\,\mathrm{R}，(0.88，0，0.12)\,\mathrm{F}，$ $\pi_o(s=2)=1，\pi_o(s=1)=0，$ " B " $\}$	$(-0.65，0.73)$	0.5，0.5

6.2.3　完美贝叶斯均衡解分析及求解

由 6.2.2 中给出的例子 6.1 可以分析得到防御者可从 PBE 中获得更高收益的原因。依旧以两种防御者类型为例进行分析，在 SSE 中，记应对强实力类型防御者的攻击者策略为 q_{strong}，应对弱实力防御者的攻击者策略为 q_{weak}。事实上，攻击者在完全理性的假设下以最佳响应策略进行攻击，具体表现为从目标集合中选择一个可带来最大期望收益的目标进行攻击。故攻击者向量表示型策略 q_{strong} 与 q_{weak} 实际上可通过单一目标进行标量化表示。分别在两种场景下进行分析：

（1）$q_{\mathrm{strong}} \neq q_{\mathrm{weak}}$。在该场景下，弱实力类型的防御者依据虚张声势安全博弈模型中的信号策略假装为强实力类型。攻击者在观察到信号之后，错误地认为防御者是强实力类型的，因此采取的攻击策略为 q_{strong}。而实际上防御者为弱实力类型，q_{strong} 并非应对弱实力类型的最佳响应，即攻击者的策略偏离了最佳响应策略，最终使得弱实力类型的防御者获利。

（2）$q_{\mathrm{strong}} = q_{\mathrm{weak}} = t$。在该场景下，防御者可将更多精力集中在保护目标 t 上。弱实力类型的防御者可从其他目标上"借"一定数量的真实资源布置在目标 t 上，从而达到与强实力类型防御者关于目标 t 相等实力的保护。相对于没有发出信号的场景，此时弱实力类型的防御者可获得更高的收益。

在分析出 PBE 的优势之后，本章节将给出求解 PBE 的混合整数三次规

划模型。在博弈开始时，自然以 p_θ 的概率选择类型为 θ 的防御者。防御者的策略可以等价看作：防御者在观察到自然选择的类型后发出信号 s，并依据类型 θ 与信号 s 选择混合策略。防御者的策略求解问题可通过规划模型（P6-1）求解，其变量为 $\{\pi_c(t\,|\,\theta,s)\}_{t\in T,\theta\in\Theta,s\in S}$，$\{\pi_o(s\,|\,\theta)\}_{\theta\in\Theta,s\in S}$ 和 $\{\pi_a(t\,|\,s)\}_{t\in T,s\in S}$。

$$\max_{\pi_o,\pi_c,\pi_a,\pi_e} \sum_{\theta\in\Theta} p_\theta \sum_{s\in S}\pi_o(s\,|\,\theta)\sum_{t\in T}\pi_a(t\,|\,s)[\pi_{c^R}(t\,|\,\theta,s)(R_t^d - P_t^d) + P_t^d] \quad \text{(P6-1)}$$

$$s.t.\ \pi_o(s\,|\,\theta)\geqslant 0,\ \forall\theta\in\Theta,\forall s\in S \quad (6.8)$$

$$\sum_{s\in S}\pi_o(s\,|\,\theta)=1,\ \forall\theta\in\Theta \quad (6.9)$$

$$\pi_{c^R}(t\,|\,\theta,s),\pi_{c^F}(t\,|\,\theta,s)\in[0,1],\ \forall t\in T,\forall\theta\in\Theta,\forall s\in S \quad (6.10)$$

$$\sum_{t\in T}\pi_{c^R}(t\,|\,\theta,s)\leqslant m(\theta),\sum_{t\in T}\pi_{c^F}(t\,|\,\theta,s)\leqslant n(\theta),\forall\theta\in\Theta,\forall s\in S \quad (6.11)$$

$$\pi_{c^R}(t\,|\,\theta,s)+\pi_{c^F}(t\,|\,\theta,s)\leqslant 1,\forall t\in T,\forall\theta\in\Theta,\forall s\in S \quad (6.12)$$

$$\pi_a(t\,|\,s)\in\{0,1\},\forall t\in T,\forall s\in S \quad (6.13)$$

$$\sum_{t\in T}\pi_a(t\,|\,s)=1,\forall s\in S \quad (6.14)$$

$$\pi_e(t\,|\,\theta,s)=\pi_{c^R}(t\,|\,\theta,s)+(1-r)\pi_{c^F}(t\,|\,\theta,s),\forall t\in T,\forall\theta\in\Theta,\forall s\in S \quad (6.15)$$

$$0\leqslant v_s^a - \sum_{\theta\in\Theta}p_\theta\pi_o(s\,|\,\theta)[\pi_e(t\,|\,\theta,s)(P_t^a - R_t^a)+R_t^a]$$

$$\leqslant(1-\pi_a(t\,|\,s))M,\ \forall t\in T,\forall s\in S \quad (6.16)$$

在规划模型（P6-1）中，约束式（6.8）与式（6.9）对应着防御者的信号释放策略；式（6.10）—式（6.12）对应着防御者释放信号 s 后的最佳资源覆盖概率向量，包括真实资源与虚假资源；式（6.13）—式（6.16）对应着攻击者的最佳攻击策略对应的收益 v_s^a；约束式（6.16）由原规划与对偶规划的互补松弛条件得到，其中 M 为很大的常数。从（P6-1）的目标函数中可以观察到，防御者的收益仅由真实资源的部署决定，与虚假资源的放置无关。

记 $D_\theta=\{D_\theta^R,D_\theta^F\}$ 为防御者 θ 的混合策略集合，其中 $D_\theta^R:=\left\{\pi\in[0,1]^{|T|}:\sum_{t\in T}\pi_t\leqslant m(\theta)\right\}$，$D_\theta^F:=\left\{\pi\in[0,1]^{|T|}:\sum_{t\in T}\pi_t\leqslant n(\theta)\right\}$，则规划（P6-1）可

以重写为：

$$\max_{\pi_o,\pi_c,\pi_a,\pi_e} \sum_{\theta \in \Theta} p_\theta \sum_{s \in S} \pi_o(s|\theta) \sum_{t \in T} \pi_a(t|s)[\pi_{c^R}(t|\theta,s)(R_t^d - P_t^d) + P_t^d] \quad \text{(P6-1)}$$

$$s.t.\ \pi_o(s|\theta) \geqslant 0,\ \forall \theta \in \Theta, \forall s \in S \quad (6.17)$$

$$\sum_{s \in S} \pi_o(s|\theta) = 1, \forall \theta \in \Theta \quad (6.18)$$

$$(\pi_{c^Y}(t|\theta,s))_{t \in T} \in D_\theta^Y, \forall Y \in \{R,F\}, \forall \theta \in \Theta, \forall s \in S \quad (6.19)$$

$$\pi_{c^R}(t|\theta,s) + \pi_{c^F}(t|\theta,s) \leqslant 1, \forall t \in T, \forall \theta \in \Theta, \forall s \in S \quad (6.20)$$

$$\pi_a(t|s) \in \{0,1\}, \forall t \in T, \forall s \in S \quad (6.21)$$

$$\sum_{t \in T} \pi_a(t|s) = 1, \forall s \in S \quad (6.22)$$

$$\pi_e(t|\theta,s) = \pi_{c^R}(t|\theta,s) + (1-r)\pi_{c^F}(t|\theta,s), \forall t \in T, \forall \theta \in \Theta, \forall s \in S \quad (6.23)$$

$$0 \leqslant v_s^a - \sum_{\theta \in \Theta} p_\theta \pi_o(s|\theta)[\pi_e(t|\theta,s)(P_t^a - R_t^a) + R_t^a]$$

$$\leqslant (1 - \pi_a(t|s))M, \forall t \in T, \forall s \in S \quad (6.24)$$

可以发现，规划（P6-1）中的约束（6.10）与（6.11）在规划（P6-2）中表示为约束（6.19）。规划（P6-2）为混合整数三次规划模型。这是因为，对于 $Y \in \{R,F\}$，$\pi_o(s|\theta) \bullet \pi_{c^Y}(t|\theta,s)$ 为二次，则 $\pi_o(s|\theta) \bullet \pi_{c^Y}(t|\theta,s) \bullet \pi_a(t|s)$ 为三次的。

对于 $Y \in \{R,F\}$，定义 $C_{\theta st}^Y = \pi_o(s|\theta) \bullet \pi_{c^Y}(t|\theta,s)$ 并将其带入规划（P6-2）中，则变量 π_{c^Y} 会全部消失，致使整个规划模型变为（P6-3）：

$$\max_{\pi_o,\pi_a,C} \sum_{\theta \in \Theta} p_\theta \sum_{s \in S} \sum_{t \in T} \pi_a(t|s)[C_{\theta st}^R(R_t^d - P_t^d) + \pi_o(s|\theta)P_t^d] \quad \text{(P6-3)}$$

$$s.t.\ \pi_o(s|\theta) \geqslant 0, \forall \theta \in \Theta, \forall s \in S \quad (6.25)$$

$$\sum_{s \in S} \pi_o(s|\theta) = 1, \forall \theta \in \Theta \quad (6.26)$$

$$(C_{\theta st}^Y)_{t \in T} \in \pi_o(s|\theta) \bullet D_\theta^Y, \forall Y \in \{R,F\}, \forall \theta \in \Theta, \forall s \in S \quad (6.27)$$

$$C_{\theta st}^R + C_{\theta st}^F \leqslant \pi_o(s|\theta), \forall t \in T, \forall \theta \in \Theta, \forall s \in S \quad (6.28)$$

$$\pi_a(t|s) \in \{0,1\}, \forall t \in T, \forall s \in S \quad (6.29)$$

$$\sum_{t\in T}\pi_a(t|s)=1, \forall s\in S \tag{6.30}$$

$$0\leqslant v_s^a-\sum_{\theta\in\Theta}p_\theta[\pi_o(s|\theta)R_t^a+(C_{\theta st}^R+(1-r)C_{\theta st}^F)(P_t^a-R_t^a)]$$

$$\leqslant (1-\pi_a(t|s))M , \quad\forall t\in T,\forall s\in S \tag{6.31}$$

在规划（P6-2）中，目标函数的变量包括 π_o,π_c,π_a,π_e，而规划（P6-3）的变量则为 π_o,π_a,C。

定义 $\tilde{D}_\theta^Y:=\{(C,\pi):C\in\pi\bullet D_\theta^Y,\pi\geqslant 0\}$，可得最终的规划模型（P6-4）。

$$\max_{\pi_o,\pi_a,C}\sum_{\theta\in\Theta}p_\theta\sum_{s\in S}\sum_{t\in T}\pi_a(t\,|\,s)[C_{\theta st}^R(R_t^d-P_t^d)+\pi_o(s|\theta)P_t^d] \tag{P6-4}$$

$$s.t.\ \pi_o(s\,|\,\theta)\geqslant 0,\forall\theta\in\Theta,\forall s\in S \tag{6.32}$$

$$\sum_{s\in S}\pi_o(s\,|\,\theta)=1,\forall\theta\in\Theta \tag{6.33}$$

$$((C_{\theta st}^Y)_{t\in T},\pi_o(s|\theta))\in\tilde{D}_\theta^Y,\forall Y\in\{R,F\},\forall\theta\in\Theta,\forall s\in S \tag{6.34}$$

$$C_{\theta st}^R+C_{\theta st}^F\leqslant\pi_o(s\,|\,\theta),\forall t\in T,\forall\theta\in\Theta,\forall s\in S \tag{6.35}$$

$$\pi_a(t|s)\in\{0,1\},\forall t\in T,\forall s\in S \tag{6.36}$$

$$\sum_{t\in T}\pi_a(t|s)=1,\forall s\in S \tag{6.37}$$

$$0\leqslant v_s^a-\sum_{\theta\in\Theta}p_\theta[\pi_o(s|\theta)R_t^a+(C_{\theta st}^R+(1-r)C_{\theta st}^F)(P_t^a-R_t^a)]$$

$$\leqslant(1-\pi_a(t|s))M,\forall t\in T,\forall s\in S \tag{6.38}$$

引理 6.1 令 $D\subseteq R^n$ 为任意有界凸集合，则有如下结果成立：

（1）扩展集合 $\tilde{D}=\{(x,p):x\in pD,p\geqslant 0\}$ 为凸集合；

（2）若 D 为在约束 $Ax\leqslant b$ 下得到的多面体，则 $\tilde{D}:=\{(x,p):Ax\leqslant pb,p\geqslant 0\}$ 也为多面体（准确来说，$\tilde{D}$ 为一个多面体锥）。

根据引理 6.1，可得 $\tilde{D}_\theta^R$ 与 $\tilde{D}_\theta^F$ 的多面体表示方式分别为：$\tilde{D}_\theta^R:=\{(C,\pi):C\in[0,\pi]^{|T|},\sum_{t\in T}C_t\leqslant\pi\bullet m(\theta),\pi\geqslant 0\}$，$\tilde{D}_\theta^F:=\left\{(C,\pi):C\in[0,\pi]^{|T|},\sum_{t\in T}C_t\leqslant\pi\bullet n(\theta),\pi\geqslant 0\right\}$。由此可证明，规划（P6-4）为一个混合整数二次规划模型，原始规划模型（P6-1）经过降维的方法得到有效化简，故求解（P6-1）可以等价转化为求解（P6-4）。

6.3　实验及分析

本节通过仿真实验来说明虚张声势安全博弈模型中防御者的"虚张声势"行为可以起到积极的作用，带给防御者更大的收益。

与虚张声势安全博弈模型进行比较的规划模型如（P6-5）所示，该规划模型不涉及防御者的信号策略，防御者的策略仅为对真实资源与虚假资源的部署。

$$\max{}_c \sum_{\theta \in \Theta} p_\theta \sum_{t \in T}[c_t^R(\theta)(R_t^d - P_t^d) + P_t^d] \qquad （P6\text{-}5）$$

$$s.t. \sum_{\theta \in \Theta} p_\theta[(c_t^R(\theta) + (1-r)c_t^F(\theta))(P_t^a - R_t^a) + R_t^a] \geqslant$$
$$\sum_{\theta \in \Theta} p_\theta[(c_{t'}^R(\theta) + (1-r)c_{t'}^F(\theta))(P_{t'}^a - R_{t'}^a) + R_{t'}^a], \quad \forall t' \in T \qquad （6.39）$$

$$0 \leqslant c_t^R(\theta) \leqslant 1, 0 \leqslant c_t^F(\theta) \leqslant 1, \quad \forall t \in T \qquad （6.40）$$

$$c_t^R(\theta) + c_t^F(\theta) \leqslant 1, \quad \forall t \in T, \forall \theta \in \Theta \qquad （6.41）$$

$$\sum_{t \in T} c_t^R(\theta) \leqslant m(\theta), \quad \forall \theta \in \Theta \qquad （6.42）$$

$$\sum_{t \in T} c_t^F(\theta) \leqslant n(\theta), \forall \theta \in \Theta \qquad （6.43）$$

在规划（P6-5）中，目标函数为防御者的期望收益，该期望收益仅与真实资源的覆盖向量有关。约束式（6.39）表示攻击者选择最佳攻击目标 t 进行攻击，此时目标 t 带给攻击者的期望收益不差于目标集合中除去 t 之外的所有目标 t' 带给攻击者的期望收益。约束式（6.40）～式（6.43）对应着防御者真实资源与虚假资源的覆盖概率约束。规划模型（P6-5）为混合整数线性规划问题，其通过传统的 multiple LPs 方法求解。

本节中的实验结果都是在 1.60 GHz、Core-8250CPU 和 8 GB 内存的机器上通过 IBM ILOG CPLEX Optimization Studio Version 12.6.1 求解运行出来

的，其中参数 $\{R_t^d, R_t^a\}$ 与 $\{P_t^d, P_t^a\}$ 的数值分别在区间$[0,12]$与$[-12,0]$随机生成，攻击者以 $r = 0.3$ 的可能性正确识别防御者的资源类型。

6.3.1 对比试验一：固定防御者类型数目，变化目标数，比较规划模型（P6–4）与（P6–5）

在该实验中，保持防御者类型数目为 2 不变，目标数目 $|T|$ 在 $\{4, 6, 8, 10, 12, 14\}$ 中取值，其中第一种类型防御者拥有 2 个真实资源，0 个虚假资源，第二种类型防御者拥有 1 个真实资源与 1 个虚假资源。由虚张声势安全博弈模型可得，防御者的信号集合为 $S = \{1, 2\}$，其中 1 表示防御者告知攻击者自己拥有 1 个真实资源，2 表示防御者告知攻击者自己拥有 2 个真实资源。自然节点通过 $[0,1]$ 上的均匀分布选择防御者类型。通过求解规划模型（P6–4）与（P6–5），可得实验结果如图 6.4 所示。

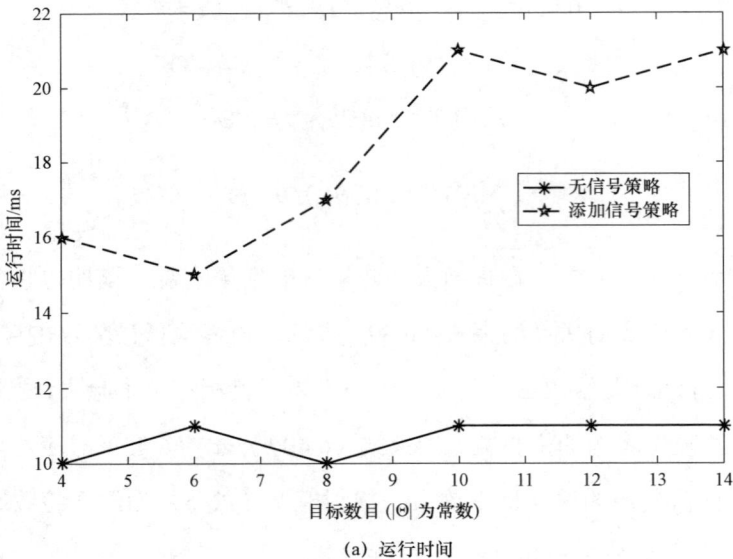

(a) 运行时间

图 6.4 运行时间与防御者收益的仿真结果
（$|\Theta| = 2$，变化目标数目）

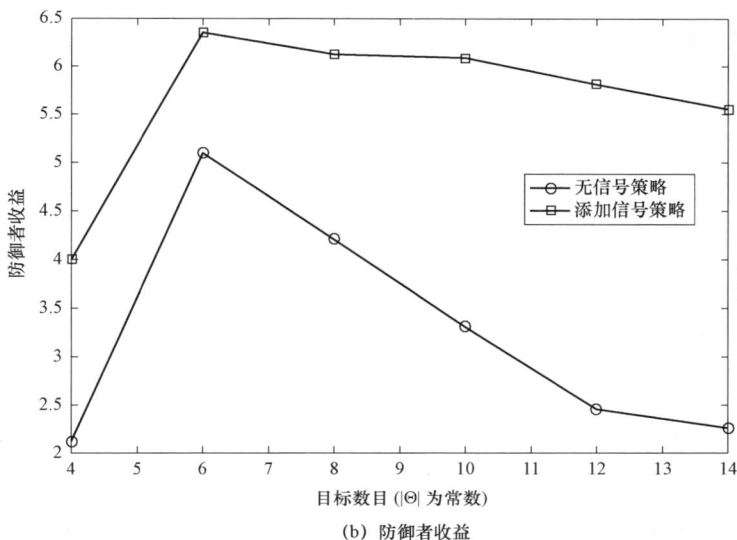

图 6.4　运行时间与防御者收益的仿真结果

（$|\Theta|=2$，变化目标数目）（续）

图 6.4（a）说明，在添加信号策略与后验修正更新过程之后，虚张声势安全博弈模型的运行时间变长。这是由于添加信号策略后造成的变量增多、约束增多引起的。图 6.4（b）中，添加信号策略后防御者的收益大于没有信号策略时的收益。这说明，本研究提出的信号释放策略在提高防御者收益上发挥了积极作用。这同时说明了防御者可以通过合理的信号释放策略混淆攻击者的判断，进而使得弱实力防御者在博弈中占据主动。此外，由于目标数目增大，资源数目保持不变，防御者的收益呈下降趋势，这与预期是相符的。这是因为有限的安全资源在保护逐渐增多的目标集合时要同时兼顾到所有目标是非常困难的。

6.3.2　对比试验二：固定目标数目，变化防御者类型数目，比较规划模型（P6–4）与（P6–5）

在该实验中，保持目标数目 $|T|=14$ 不变，防御者的类型数目 $|\Theta|$ 在 $\{2,4,6,8,10,12\}$ 中取值。每种类型的防御者被赋予不同数目的真实资源与虚假

资源。通过求解规划（P6-4）与（P6-5），可得实验结果如图 6.5 所示。

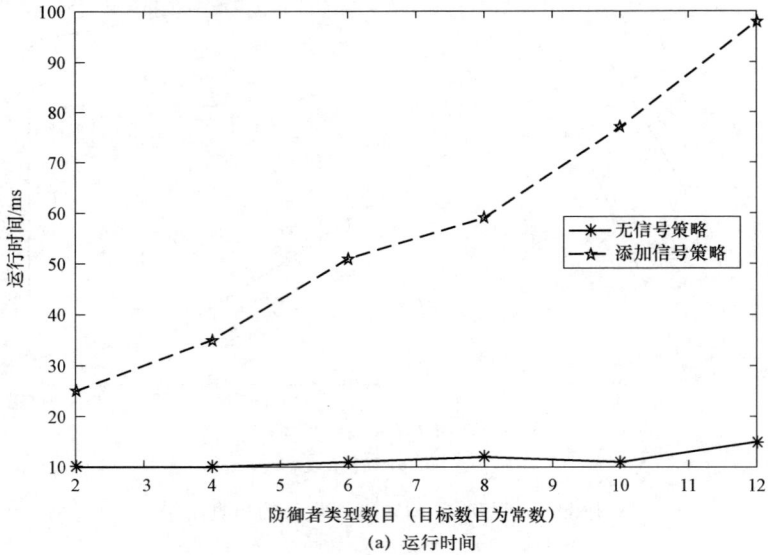

(a) 运行时间

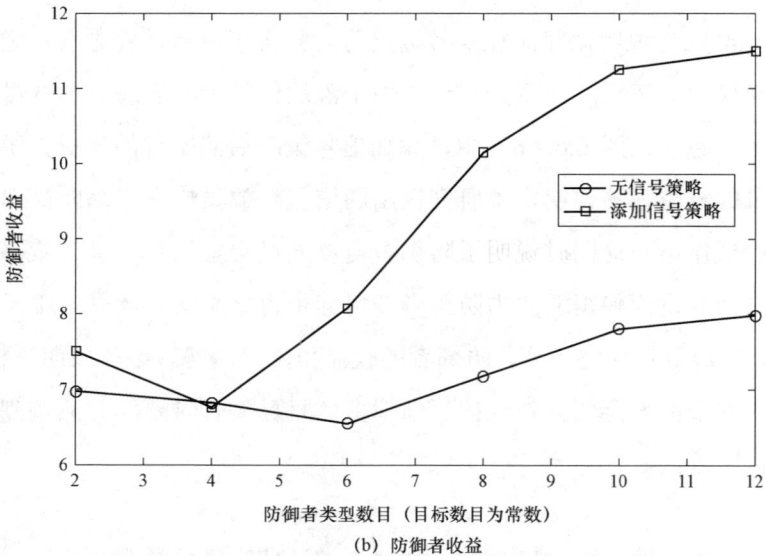

(b) 防御者收益

图 6.5　运行时间与防御者收益的仿真结果（$|T|=14$，变化防御者类型数目）

图 6.5（a）类似于图 6.4（a），运行时间的变长是添加的信号策略引起变量数目以及约束条件增多的必然结果。图 6.5（b）说明，在保护目标数目不变的情况下，随着防御者类型的增多，攻击者对防御者类型判断的不确定性

程度会加大，进而添加信号释放策略能带给攻击者更大的混淆程度，从而带给防御者更大的收益。

6.3.3　灵敏性分析

本章节第三组实验是关于参数 p 的灵敏性实验，也就是自然节点选择先验分布对实验结果的影响。为简化分析，该实验考虑两种防御者类型通过部署真实资源与虚假资源保护 6 个目标的场景。第一种类型的防御者拥有 2 个真实资源与 1 个虚假资源，第二种类型的防御者拥有 3 个真实资源与 1 个虚假资源。通过改变 p 的值，分析防御者收益的变化。p_1 表示第一种类型防御者的先验概率，p_2 表示第二种类型防御者的先验概率，且满足 $p_1 + p_2 = 1$。实验结果由图 6.6 给出。

由图 6.6 可以看出，当 $p_1 \in [0, 0.5)$ 时，此时 $p_2 > p_1$，参与人对第二种类型的防御者持有的信息更多。当 p_2 从 1 减小到 0.5 时，防御者的收益随之减小。同样地，当 $p_1 \in (0.5, 1]$ 时，参与人对第一种类型的防御者持有更多的先验信息，因此，当 p_1 从 0.5 增加到 1 时，防御者的收益随之增大。此外还可以得出，参数 p_1 对防御者收益的影响程度比参数 p_2 要小。当 $p = (0.5, 0.5)$ 时，参与人关于防御者类型的不确定性程度最大，此时防御者的收益达到最小值。

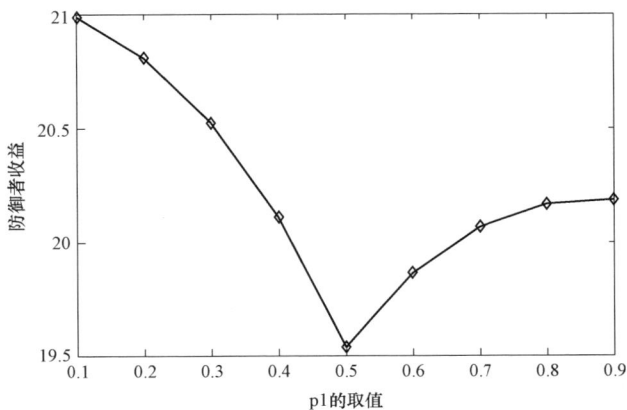

图 6.6　参数 p 的灵敏性分析

6.4　本章小结

本章研究安全博弈中防御者的"虚张声势"行为。在安全博弈中，防御者与攻击者之间往往存在着信息不对称性问题，本章考虑攻击者不能准确辨别防御者持有资源的真实性以及数目的场景。此时，虚假资源在一定程度上可以充当真实资源的角色帮助持有较少真实资源的防御者"以假乱真"。换句话说，拥有较少真实资源的防御者可利用信息不对称性进行欺骗行为，从而误导攻击者的判断。本章提出了虚张声势安全博弈模型，其中防御者释放关于自己拥有真实资源数目的信号，攻击者在观察到信号之后选择攻击行为。拥有较少真实资源数目的防御者释放出的信号通常不少于自身的真实资源数目，从而可以起到"以弱装强"的作用，这是因为防御者持有的虚假资源会以一定的概率被攻击者误以为是真实资源。为求解虚张声势安全博弈中的完美贝叶斯均衡解，本章建立了混合整数三次规划模型，并通过变量代换将其降维为混合整数二次规划问题。仿真对比实验证实了防御者"虚张声势"行为在提高收益方面是有效的。

第 7 章　结论与展望

7.1　结　论

安全博弈描述的是防御者与攻击者之间的交互行为。通过求解安全博弈模型对应的均衡解，可以得到防御者的保护策略。本研究依据安全博弈参与人的类型，将博弈场景分为单防御者 vs 单攻击者、单防御者 vs 多攻击者，以及多防御者 vs 单攻击者三大类，分别考虑不同场景中的均衡解形式。针对这些场景，本书进行了详细的研究，成果如下：

（1）研究了单防御者 vs 单攻击者安全博弈场景中的强斯塔克尔伯格均衡解 SSE。以通信系统应对 ATV 攻击为背景，分析 SSE 的具体形式。对于通信系统与 ATV 攻击者之间的交互过程，本研究建立了通信系统与 ATV 攻击者之间的斯塔克尔伯格博弈模型。其中，通信系统作为防御者选择向信道添加人工噪声以干扰攻击者的信号接收，攻击者观察到防御者的策略后选择信道进行攻击。在攻击行为是完全理性且完全对抗性的假设下，本研究建立了通信系统的优化模型。为求解 SSE，本研究首先分析了一种特殊情况下防御者最优策略具备的特征，进而扩展到一般情况，并提出了一种新颖的方法将 $M-$ 维问题转化为求解 M 个 $1-$ 维问题，降低了算法复杂度。对比实验结果表明，安全博弈模型给出的防御者策略在降低系统损失方面有显著效果。

（2）研究了单防御者 vs 多攻击者重复安全博弈场景中的帕累托均衡解。

对于单防御者个体同时对抗多种类型攻击者的重复博弈场景，本研究建立了单防御者 vs 多攻击者的重复安全博弈模型，分析防御者的帕累托均衡解。结合现实场景，防御者往往无法准确获知每种攻击者类型具体的行为模型，在该不确定性情形下，本研究通过最差情况分析法，将最大化防御者的收益问题转化为最小化防御者由于不确定性引起的后悔值问题。考虑到一个防御者策略要使得应对所有类型攻击者的后悔值同时达到最优是非常困难的，并且在许多情况下，防御者希望自己的策略针对某些类型攻击者产生的后悔值达到最优，对剩余类型的攻击者在后悔值上可以付出适度的代价。因此，本研究建立了关于防御者策略的多目标优化模型。为求得无限次重复博弈中防御者的最优帕累托后悔值前沿，本研究提出了线性规划上的 Q-迭代算法。由于帕累托后悔值前沿的连续性，本研究进一步提出了求解帕累托后悔值前沿的近似算法，并通过理论分析得到了近似算法的误差界，最后通过实验进一步验证了算法的合理性。

（3）研究了多防御者 vs 单攻击者安全博弈场景中的逻辑斯塔克尔伯格多防御者均衡解 LSMDE。对于生活中多个保护组织相互独立地共同保护同一目标的场景，本研究建立了多防御者 vs 单攻击者安全博弈模型，重新定义了 LSMDE。在多防御者 vs 单攻击者安全博弈中，多个防御者相互独立且同时行动，攻击者在观察得知所有防御者的联合策略后以完全理性行为进行攻击。由于 SSE 在该场景中的第三个条件无法成立，故本研究重新定义了攻击者的打破平局规则。结合目标对攻击者的吸引力值，本研究引入了逻辑打破平局规则。依据逻辑打破平局规则，多防御者与单攻击者之间的均衡解被重新定义为 LSMDE，其中所有参与人的策略都互为彼此的最佳响应策略且攻击者在遇到最佳响应策略不止一个的情况时以逻辑打破平局规则选择策略。为计算 LSMDE，本研究设计了算法首先判断 LSMDE 的存在性，且在存在的情况下给出了具体计算方法。此外，本研究考虑了 LSMDE 的另一种等价形式均衡解，即将攻击者视为博弈外部因素，LSMDE 等价于多防御者之间的纳什均衡解。由于 LSMDE 不一定存在，故多防御者之间的纳什均衡解也不一定存在。本研究考虑了近似纳什均衡解，设计了改进排除算法进行求解，并与迭代最佳响应算法 IBR 进行了比较。实验结果表明改进排除算法不仅可以求解更多博弈实例中的均衡解且求解速度要快于 IBR 算法。

（4）研究了广义多防御者 vs 单攻击者安全博弈场景中的完美贝叶斯均衡解 PBE。在由信息不对称性引起的广义多防御者 vs 单攻击者安全博弈模型中，攻击者由于对防御者不完全了解，一个防御者个体在攻击者视角存在多种可能性。受 1940 年军队实力弱的英军在战役中吓退实力强大的意大利军事件的影响，本研究提炼出防御者的"虚张声势"行为，该行为的实现来自博弈双方的信息不对称性，其中攻击者不能准确辨别防御者真实资源与虚假资源的区别，从而对防御者的实力做出错误判断。拥有较少真实资源的防御者可借助虚假资源进行"以假乱真"的欺骗行为，从而误导攻击者的判断。本研究建立了虚张声势安全博弈模型，其中防御者释放关于自己拥有真实资源数目的信号，攻击者在观察到信号之后选择目标进行攻击。拥有较少真实资源数目的防御者释放出的信号通常不少于自身的真实资源数目，从而可以起到"以弱装强"的作用。通过建立混合整数三次规划模型，并通过变量代换将其降维为混合整数二次规划问题，可以得到防御者的最佳保护策略与信号释放策略。仿真对比实验证实了本研究模型在提高防御者收益上的有效性。

7.2　创新点

本研究的创新点有如下四点。

（1）将单防御者 vs 单攻击者安全博弈模型应用在通信系统应对 ATV 攻击场景中，设计算法求解均衡解 SSE。结果表明，SSE 对应的防御者策略在减小系统损失方面可取得显著性效果。

（2）以单防御者 vs 多攻击者重复安全博弈模型为基础，考虑了防御者对多种类型攻击者攻击行为方面的不确定性，通过最差情况分析法，建立了以防御者后悔值为目标的多目标优化模型，并通过线性规划上的 $Q-$迭代算法求解出最优帕累托后悔值前沿。

（3）以多防御者 vs 单攻击者安全博弈模型为基础，结合目标的吸引力值，定义了攻击者的逻辑打破平局规则以及对应的均衡解 LSMDE。结果表明，与平均打破平局规则相比，逻辑打破平局规则可更准确地描述攻击者的行为，从而带给防御者更大的收益。此外，考虑了 LSMDE 的等价均衡解 NE 并分别给出了两种均衡解的求解算法，其中求解 NE 的改进排除算法能以较快的速度求得满意的近似均衡解。

（4）以信号博弈模型为基础，借助安全博弈中的信息不对称性，建立了虚张声势安全博弈模型。其中防御者持有资源的真实性以及具体数目是私人信息，对于攻击者未知。基于信号博弈提出了均衡解 PBE，并建立了求解均衡解的优化模型。结果表明防御者借助虚假资源的力量可以起到"伪装"的作用，进而误导攻击者的判断，最终使得防御者获得较大的期望收益。

7.3 展　望

本研究针对四个不同的安全博弈场景分析了不同均衡解的形式及求解方法，但还有许多较为复杂的场景需要进一步研究和探讨。

（1）单个防御者面临攻击者更换类型的动态博弈问题。与第 4 章不同的是，防御者依然面临多种类型的攻击者，但是每一轮博弈实际上是与其中一种类型的攻击者进行博弈。在重复博弈的某一阶段，攻击者类型会发生改变。该场景中，防御者与多种类型攻击者进行多轮动态博弈，每种类型的攻击者与防御者博弈若干轮后会更换另一种类型的攻击者进行接下来的博弈。解决该场景的突破点在于设计算法能够以较快的速度识别出攻击者更换类型的时间节点以及更换后的类型，进而根据学习出的新攻击者类型部署后续的防御者策略。

（2）防御者应对对手欺骗行为的博弈机制设计问题。第 6 章主要考虑了攻击者对防御者的不完全了解使得防御者有机会实施欺骗行为。同理，在防御者对攻击者类型不了解的情况下，攻击者也会实施欺骗行为。例如，防御者对于攻击者的支付不确定时，攻击者可以偷偷篡改数据"假装"自己是其他类型的攻击者，从而给防御者关于对手类型的判断造成困扰[139-144]。解决此问题的出发点在于研究博弈机制设计，使得攻击者说实话，放弃欺骗行为。

（3）复杂攻击者行为的建模问题。除去第 4 章考虑了不完全理性的攻击者以及完全不理性的攻击者之外，本研究中的攻击者通常假设为完全理性的。实际情况中，攻击者的行为模型更为复杂，尤其在动态的多轮博弈中，攻击者会在头脑中进行多轮推断，选择出最佳策略。以简单的石头、剪刀、布博弈为例，对手行为通过心智理论 ToM[145-147]（Theory of Mind）的阶数来建模，0 阶 ToM 攻击者的行为可以根据历史数据直接推断得来，若历史数据显示该攻击者喜欢出"石头"，那么攻击者在博弈中就会选择"石头"，从而防御者应该出"布"。对于 1 阶 ToM 攻击者来说，他会将防御者看为 0 阶 ToM 类型，根据历史数据推断出防御者出"石头"，从而攻击者选择"布"，防御者此时应该选择"剪刀"。如何将这种复杂的攻击者行为应用在安全博弈场景中以更好地为防御者设计保护策略是一个值得深入研究的问题。

参考文献

［1］ 黄涛. 博弈论教程：理论·应用［M］. 北京：首都经济贸易大学出版社，2004：1-12.

［2］ 张维迎. 博弈论与信息经济学［M］. 上海：上海人民出版社，2017：1-8.

［3］ 朱·弗登博格，让·梯若尔. 博弈论［M］. 黄涛，译. 北京：中国人民大学出版社，2015：1-24.

［4］ Owen G. Game Theory (3rd edn)［M］. New York: Academic Press，2001：1-5.

［5］ ［美］冯·诺伊曼，［美］奥斯卡·摩根斯特恩. 博弈论与经济行为［M］. 王文玉，王宇，译. 上海：三联出版社，2004：1-20.

［6］ Conitzer V, Sandholm T. Computing the optimal strategy to commit to［C］. Proceedings of the 7th ACM conference on Electronic commerce, Michigan, USA, 2006：82-90.

［7］ Tambe M. Security and Game Theory: Algorithms, Deployed Systems, Lessons Learned［M］. Cambridge: Cambridge University Press, 2011：15-22.

［8］ 王震，袁勇，安波，等. 安全博弈论研究综述［J］. 指挥与控制学报，2015，1（2）：121-149.

［9］ 安波. 安全博弈论［J］. 中国计算机学会通讯，2013，9（1）：58-63.

［10］ Tansu A, Tamer B. Network Security: A Decision and Game-Theoretic Approach［M］. Cambridge: Cambridge University Press, 2010：59-60.

［11］ An B, Tambe M, Sinha A. Stackelberg Security Games (SSG) Basics and

Application Overview［M］. Cambridge: Cambridge University Press, 2015：1-10.

［12］ Sinha A, Fang F, An B, et al. M. Stackelberg security games: Looking beyond a decade of success［C］. Proceedings of the 27th International Joint Conference on Artificial Intelligence, Stockholm, Sweden, 2018：5494-5501.

［13］ Nguyen T H, Kar D, Brown M, et al. Towards a science of security games［J］. Springer International Publishing, 2016, 157：347-381.

［14］ McKelvey R D, Palfrey T R. Quantal response equilibria for normal form games［J］. Games and Economic Behavior, 1995, 10（1）：6-38.

［15］ Chicoisne R, Ordóñez F. Risk Averse Stackelberg Security Games with Quantal Response［C］. Proceedings of the 7th International Conference on Decision and Game Theory for Security, New York, NY, USA, 2016：83-100.

［16］ Yang R, Ordonez F, Tambe M. Computing optimal strategy against quantal response in security games［C］. Proceedings of the 11th International Conference on Autonomous Agents and Multiagent Systems, Valencia, Spain, 2012：847-854.

［17］ Yang R, Jiang A X, Tambe M, et al. Scaling-up security games with boundedly rational adversaries: A cutting-plane approach［C］. Proceedings of the 23rd international joint conference on Artificial Intelligence, Beijing, China, 2013：404-410.

［18］ Cheung K F, Michael G H. Attacker-defender model against quantal response adversaries for cyber security in logistics management: An introductory study［J］. European Journal of Operational Research, 2021, 291(2): 471-481.

［19］ An B, Ordóñez F, Tambe M, et al. A Deployed Quantal Response-Based

Patrol Planning System for the U. S. Coast Guard [J]. Interfaces, 2013, 43 (5): 400-420.

[20] Nguyen T H, Yang R, Azaria A, et al. Analyzing the effectiveness of adversary modeling in security games [C]. Proceedings of the 27th AAAI Conference on Artificial Intelligence, Bellevue, Washington, USA, 2013: 718-724.

[21] Brown M, Haskell W B, Tambe M. Addressing Scalability and Robustness in Security Games with Multiple Boundedly Rational Adversaries [C]. Proceedings of the 5thInternational Conference on Decision and Game Theory for Security, Los Angeles, CA, USA, 2014: 23-42.

[22] Yang R, Ford B, Tambe M, et al. Adaptive resource allocation for wildlife protection against illegal poachers [C]. Proceedings of the 13th International Joint Conference on Autonomous Agents and Multiagent Systems, Paris, France, 2014: 453-460.

[23] Nguyen T H, Sinha A, Gholami S, et al. CAPTURE: A New Predictive Anti-Poaching Tool for Wildlife Protection [C]. Proceedings of the 15th International Joint Conference on Autonomous Agents and Multiagent Systems, Singapore, Singapore, 2016: 767-775.

[24] Haskell W B, Kar D, Fang F, et al. Robust protection of fisheries with COmPASS [C]. Proceedings of the 28th AAAI Conference on Artificial Intelligence. Québec City, Québec, Canada, 2014: 2978-2983.

[25] Fang F, Stone P, Tambe M. When security games go green: designing defender strategies to prevent poaching and illegal fishing [C]. Proceedings of the 24th International Conference on Artificial Intelligence, Buenos Aires, Argentina, 2015: 2589-2595.

[26] Wang B, Zhang Y, Zhou Z, et al. On repeated stackelberg security game with the cooperative human behavior model for wildlife protection [J].

Applied Intelligence, 2019, 49(3): 1002-1015.

[27] Tsai J, Yin Z, Kwak J, et al. Urban security: game-theoretic resource allocation in networked physical domains [C]. Proceedings of the 24th AAAI Conference on Artificial Intelligence, Atlanta, Georgia, USA, 2010: 881-886.

[28] Tsai J, Yin Z, Kwak J, et al. Game-Theoretic Allocation of Security Forces in a City [C]. The Third International Workshop on Optimisation in Multi-Agent Systems, Toronto, Canada, 2010: 117-124.

[29] Bucarey V, Casorrán C, Figueroa Ó, et al. Building real Stackelberg security games for border patrols [C]. Proceedings of the 8thInternational Conference on Decision and Game Theory for Security, Vienna, Austria, 2017: 193-212.

[30] Baykal G M, Duan Z, Poor H V, et al. A. Infrastructure security games[J]. European Journal of Operational Research, 2014, 239（2）: 469-478.

[31] Laszka A, Abbas W, Vorobeychik Y. et al. Detection and mitigation of attacks on transportation networks as a multi-stage security game [J]. Computers & Security, 2019, 87: 101576.

[32] Yin Y, An B, Jain M. Game-theoretic resource allocation for protecting large public events [C]. Proceedings of the 28th AAAI Conference on Artificial Intelligence, Québec City, Québec, Canada, 2014: 826-833.

[33] Li M, Cao Y, Qiu T. Optimal patrol strategies against attacker's persistent attack with multiple resources [C]. Proceedings of the 3th IEEE SmartWorld, Ubiquitous Intelligence & Computing, Advanced & Trusted Computed, Scalable Computing & Communications, Cloud & Big Data Computing, Internet of People and Smart City Innovation (SmartWorld/ SCALCOM/UIC/ATC/CBDCom/IOP/SCI), San Francisco, CA, USA, 2017: 1-8.

［34］ 曹源鹏. 反恐博弈中的持续攻击保护策略模型研究［D］. 大连：大连理工大学, 2018.

［35］ Jie Y, Li M, Tang T, et al. Optimal Allocation Strategy Based on Stackelberg Game for Inspecting Drunk Driving on Traffic Network［J］. KSII Transactions on Internet and Information Systems, 2017, 11（12）: 5759-5779.

［36］ Jie Y, Liu C. Z, Li M, et al. Game theoretic resource allocation model for designing effective traffic safety solution against drunk driving［J］. Applied Mathematics and Computation, 2020, 376: 125-142.

［37］ Vorobeychik Y, An B, Tambe M. Adversarial Patrolling Games. InAAAI Spring Symposium: Game Theory for Security, Sustainability, and Health ［R］. AAAI Technical Report, 2012.

［38］ Vorobeychik Y, An B, Tambe M, et al. Computing solutions in infinite-horizon discounted adversarial patrolling games［C］. Proceedings of the Twenty-Fourth International Conferenc on International Conference on Automated Planning and Scheduling, Portsmouth, New Hampshire, USA, 2014: 314-322.

［39］ Lee P, Clark A, Alomair B, et al. Passivity-Based Distributed Strategies for Stochastic Stackelberg Security Games［C］. Proceedings of the 6th International Conference on Decision and Game Theory for Security, London, UK, 2015: 113-129.

［40］ Klaška D, Kučera A, Lamser T, et al. Automatic Synthesis of Efficient Regular Strategies in Adversarial Patrolling Games［C］. Proceedings of the 17th International Conference on Autonomous Agents and MultiAgent Systems, Stockholm, Sweden, 2018: 659-666.

［41］ Abaffy M, Brázdil T, Řehák V, et al. Solving adversarial patrolling games with bounded error: (extended abstract)［C］. Proceedings of the 13th international conference on Autonomous agents and multi-agent systems, Paris, France, 2014: 1617-1618.

［42］ Wang A, Cai Y, Yang W, et al. A Stackelberg security game with cooperative jamming over a multiuser OFDMA network ［C］. Proceedings of the 14th IEEE Wireless Communications and Networking Conference, Shanghai, China, 2013: 4169-4174.

［43］ Laszka A, Vorobeychik Y, Koutsoukos X D, et al. Optimal personalized filtering against spear-phishing attacks［C］. Proceedings of the 29th AAAI Conference on Artificial Intelligence, Austin, Texas USA, 2016: 958-964.

［44］ Li S X, Li X, Hao J, et al. Optimal Personalized Defense Strategy Against Man-In-The-Middle Attack ［C］. Proceedings of the 31st AAAI Conference on Artificial Intelligence, San Francisco, California USA, 2017: 593-599.

［45］ Li S X, Li X, Hao J, et al. Defending Against Man-In-The-Middle Attack in Repeated Games ［C］. Proceedings of the 31st International Joint Conference on Artificial Intelligence, Melbourne, Australia, 2017: 3742-3748.

［46］ 李姝昕. 基于安全博弈论的中间人攻击防御策略 ［D］. 天津：天津大学，2017.

［47］ Witte, B de, Frasca P, et al. Protecting shared information in networks: A network security game with strategic attacks ［J］. International Journal of Robust and Nonlinear Control. 2020, 30(11): 4255-4277.

［48］ Fang F, Jiang A X, Tambe M. Protecting moving targets with multiple mobile resources ［J］. Journal of Artificial Intelligence Research, 2013, 48 （1）: 583-634.

［49］ Maleki H, Valizadeh S, Koch W, et al. Markov Modeling of Moving Target Defense Games ［C］. Proceedings of the 3rd ACM Workshop on Moving

Target Defense, Vienna, Austria, 2016: 81-92.

［50］ Feng X, Zheng Z, Mohapatra P, et al. A Stackelberg Game and Markov Modeling of Moving Target Defense［C］. Proceedings of the 8thInternational Conference on Decision and Game Theory for Security, Vienna, Austria, 2017: 315-335.

［51］ Zhu Q, Başar T. Game-Theoretic Approach to Feedback-Driven Multi-stage Moving Target Defense ［C］. Proceedings of the 4th International Conference on Decision and Game Theory for Security, Fort Worth, TX, USA, 2013: 246-263.

［52］ Vadlamudi S G, Sengupta S, Kambhampati S, et al. Moving Target Defense for Web Applications using Bayesian Stackelberg Games ［C］. Proceedings of the15th International Conference on Autonomous Agents and Multiagent Systems, Singapore, 2016: 1377-1378.

［53］ Kiekintveld C, Jain M, Tsai J, et al. Computing optimal randomized resource allocations for massive security games ［C］. Proceedings of the 8th International Joint Conference on Autonomous Agents and Multiagent Systems, Budapest, Hungary, 2009: 689-696.

［54］ Jain M, Kardeş E, Kiekintveld C, et al. Security games with arbitrary schedules: A branch and price approach［C］. Proceedings of the 24th AAAI Conference on Artificial Intelligence, Atlanta, Georgia, 2010: 792-797.

［55］ Amin K, Singh S, Wellman M P. Gradient methods for Stackelberg security games ［C］. UAI'16 Proceedings of the 32nd Conference on Uncertainty in Artificial Intelligence, New York City, NY, USA, 2016: 2-11.

［56］ Pita J, Jain M, Western C, et al. Deployed ARMOR protection: The application of a game-theoretic model for security at the Los Angeles International Airport ［C］. Proceedings of the 7th International Joint

Conference on Autonomous Agents and Multiagent Systems, Estoril, Portugal, 2008: 125-132.

[57] Jain M, Pita J, Tambe M, et al. Bayesian stackelberg games and their application for security at Los Angeles international airport [J]. Sigecom Exchanges, 2008, 7(2): 10.

[58] Jain M, Tsai J, Pita J, et al. Software Assistants for Randomized Patrol Planning for the LAX Airport Police and the Federal Air Marshal Service [J]. Interfaces, 2010, 40(4): 267-290.

[59] Tsai J, Rathi S, Kiekintveld C, et al. IRIS: A tool for strategic security allocation in transportation networks [C]. Proceedings of the 8th International Joint Conference on Autonomous Agents and Multiagent Systems, Budapest, Hungary, 2009: 88-106.

[60] An B, Ordóñez F, Tambe M, et al. A deployed quantal response-based patrol planning system for the U. S. Coast Guard [J]. Interfaces, 2013, 43 (5): 400-420.

[61] An B, Pita J, Shieh E, et al. GUARDS and PROTECT: Next generation applications of security games [J]. SIGECOM, 2011, 10: 31-34.

[62] Shieh E, An B, Yang R, et al. PROTECT: An application of computational game theory for the security of the ports of the United States [C]. Proceedings of the 26th AAAI Conference on Artificial Intelligence, Toronto, Ontario, Canada, 2012: 2173-2179.

[63] Jiang A X, Nguyen T H, Tambe M, et al. Procaccia. Monotonic maximin: A robust stackelberg solution against boundedly rational followers [C]. Proceedings of the 4thInternational Conference on Decision and Game Theory for Security, Fort Worth, TX, USA, 2013: 119-139.

[64] Yin Z, Tambe M. A unified method for handling discrete and continuous uncertainty in Bayesian stackelberg games [C]. Proceedings of the 11th

International Conference on Autonomous Agents and Multiagent Systems. Valencia, Spain, 2012: 855-862.

［65］ Pita J, Tambe M, Kiekintveld C, et al. GUARDS-game theoretic security allocation on a national scale［C］. Proceedings of the 10th International Conference on Autonomous Agents and Multiagent Systems, Taipei, Taiwan, China, 2011: 37-44.

［66］ Jain M, Kiekintveld C, Tambe M. Quality-bounded solutions for finite Bayesian Stackelberg games: scaling up［C］. Proceedings of the 10th International Conference on Autonomous Agents and Multiagent Systems, Taipei, Taiwan, China, 2011: 997-1004.

［67］ Kiekintveld C, Marecki J, Tambe M. Approximation methods for infinite Bayesian Stackelberg games: modeling distributional payoff uncertainty ［C］. Proceedings of the 10th International Conference on Autonomous Agents and Multiagent Systems, Taipei, Taiwan, China, 2011: 1005-1012.

［68］ Yin Z, Tambe M. A unified method for handling discrete and continuous uncertainty in Bayesian Stackelberg games［C］. Proceedings of the 11th International Conference on Autonomous Agents and Multiagent Systems. Valencia, Spain, 2012: 855-862.

［69］ Brown M, An B, Kiekintveld C, et al. An extended study on multi-objective security games［J］. Autonomous Agents and Multi-Agent Systems, 2014, 28(1): 31-71.

［70］ Brown M, An B, Kiekintveld C, et al. Multi-objective optimization for security games［C］. Proceedings of the 11th International Conference on Autonomous Agents and Multiagent Systems, Valencia, Spain, 2012: 863-870.

［71］ Cui J, John R S. Empirical Comparisons of Descriptive Multi-objective Adversary Models in Stackelberg Security Games［C］. Proceedings of the

5thInternational Conference on Decision and Game Theory for Security, Los Angeles, CA, USA, 2014: 309-318.

［72］ Bigdeli H, Hassanpour H, Tayyebi J. Multiobjective security game with fuzzy payoffs［J］. Iranian Journal of Fuzzy Systems, 2019, 16（1）: 89-101.

［73］ Eisenstadt E, Moshaiov A. Novel Solution Approach for Multi-Objective Attack-Defense Cyber Games with Unknown Utilities of the Opponent［J］. IEEE Transactions on Emerging Topics in Computational Intelligence, 2017, 1(1): 16-26.

［74］ Viduto V, Huang W, Maple C. Toward optimal multi-objective models of network security: Survey［C］. Proceedings of the 17th International Conference on Automation and Computing, Huddersfield, United Kingdom, 2011: 6-11.

［75］ Smith A, Vorobeychik Y, Letchford J. Multi-Defender Security Games on Networks［J］. ACM SIGMETRICS Performance Evaluation Review, 2014, 41（4）: 1-4.

［76］ Jiang A X, Procaccia A D, Qian Y, et al. Defender (mis) coordination in security games［C］. Proceedings of the Twenty-Eighth International Joint Conference on Artificial Intelligence, Beijing, China, 2013: 220-226.

［77］ Lou J, Andrew M S, and Vorobeychik Y. Multidefender Security Games ［J］. IEEE Intelligent Systems, 2017, 32: 50-60.

［78］ Lou J, Vorobeychik Y. Equilibrium analysis of multi-defender security games［C］. Proceedings of the 24th International Conference on Artificial Intelligence, Austin, Texas, USA, 2015: 596-602.

［79］ Gan J, Elkind E, Wooldridge M. Stackelberg Security Games with Multiple Uncoordinated Defenders［C］. Proceedings of the 17th International Conference on Autonomous Agents and MultiAgent Systems, Stockholm, Sweden, 2018: 703-711.

［80］ Hota A R, Clements A A, Sundaram S, et al. Optimal and Game-Theoretic Deployment of Security Investments in Interdependent Assets ［C］. Proceedings of the 7thInternational Conference on Decision and Game Theory for Security, New York, NY, USA, 2016: 101-113.

［81］ Laszka A, Lou J, Vorobeychik Y. Multi-defender strategic filtering against spear-phishing attacks ［C］. Proceedings of the 30th AAAI Conference on Artificial Intelligence, Phoenix, Arizona, USA, 2016: 537-543.

［82］ Gan J, Elkind E, Kraus S, et al. Mechanism Design for Defense Coordination in Security Games［C］. Proceedings of the 19th International Conference on Autonomous Agents and Multiagent Systems Autonomous Agents and Multi-Agent Systems, Auckland, New Zealand, 2020: 402-410.

［83］ Roughgarden T. Intrinsic Robustness of the Price of Anarchy ［J］. Journal of the ACM, 2015, 62(5): 32.

［84］ Feldman M, Immorlica N, Lucier B, et al. The price of anarchy in large games［C］. Proceedings of the 48th annual ACM symposium on Theory of Computing, Cambridge, MA, USA, 2016: 963-976.

［85］ Brown G, Carlyle M, Diehl D, et al. A two-sided optimization for theater ballistic missile defense［J］. Operations Research, 2005, 53（5）: 263-275.

［86］ Zhuang J, Bier V M. Reasons for secrecy and deception in homeland security resource allocation［J］. Risk Analysis, 2010, 30（12）: 1737-1743.

［87］ Zhuang J, Bier V M. Secrecy and deception at equilibrium, with applications to antiterrorism resource allocation ［J］. Defence and Peace Economics, 2011, 22(1): 43-61.

［88］ Zhuang J, Bier V M, Alagoz O. Modeling secrecy and deception in a multiple-period attacker-defender signaling game［J］. European Journal of Operational Research, 2010, 203(2): 409-418.

［89］ Yin Y, An B, Vorobeychik Y, et al. Optimal deceptive strategies in security games: A preliminary study ［C］. Proceedings of the 27th AAAI Conference on Artificial Intelligence, Washington, DC, 2013: 1-7.

［90］ Xu H, Rabinovich Z, Dughmi S, et al. Exploring information asymmetry in two-stage security games ［C］. Proceedings of the 29th AAAI Conference on Artificial Intelligence, Austin, Texas, USA, 2015: 1057-1063.

［91］ Xu H, Freeman R, Conitzer V, et al. Signaling in Bayesian Stackelberg Games ［C］. Proceedings of the 15th International Conference on Autonomous Agents and Multiagent Systems. Singapore, 2016 ［C］: 150-158.

［92］ Rabinovich Z, Jiang A X, Jain M, et al. Information Disclosure as a Means to Security ［C］. Proceedings of the 14th International Conference on Autonomous Agents and Multiagent Systems, Istanbul, Turkey, 2015: 645-653.

［93］ Xu H, Wang K, Phebe V, et al. Strategic coordination of human patrollers and mobile sensors with signaling for security games ［C］. Proceedings of the 30th AAAI Conference on Artificial Intelligence, New Orleans, LA, USA, 2018: 1290-1297.

［94］ Cooney S, Vayanos P, Nguyen T H, et al. Warning Time: Optimizing Strategic Signaling for Security Against Boundedly Rational Adversaries ［C］. Proceedings of the 14th International Conference on Autonomous Agents and Multiagent Systems, Montreal, QC, Canada, 2019: 1892-1894.

［95］ Bondi E, Oh H, Xu H, et al. To Signal or Not to Signal: Exploiting Uncertain Real-Time Information in Signaling Games for Security and Sustainability［C］. Proceedings of the 34th AAAI Conference on Artificial Intelligence, New York City, NY, USA, 2020: 1369-1377.

［96］ Guo Q, An B, Bosanský B, et al. Comparing Strategic Secrecy and Stackelberg Commitment in Security Games［C］. Proceedings of the 26th International Joint Conference on Artificial Intelligence, San Francisco, California, USA, 2017: 3691-3699.

［97］ Ceker H, Zhuang J, Upadhyaya S, et al. Deception-Based Game Theoretical Approach to Mitigate DoS Attacks［C］. Proceedings of the 7th International Conference on Decision and Game Theory for Security, New York, NY, USA, 2016: 18-38.

［98］ Fudenberg D, Tirole J M P. Perfect Bayesian equilibrium and sequential equilibrium［J］. Journal of Economic Theory, 1991, 53(2): 236-260.

［99］ Bonanno G. AGM-consistency and perfect Bayesian equilibrium. Part I: definition and properties［J］. International Journal of Game Theory, 2013, 42（3）: 567-592.

［100］ Bonanno, G. AGM-consistency and perfect Bayesian equilibrium. Part II: from PBE to sequential equilibrium［J］. International Journal of Game Theory, 2016, 45（4）: 1071-1094.

［101］ Gagandeep A, Kumar P. Analysis of different security attacks in MANETs on protocol stack A-review［J］. International Journal of Engineering and Technology, 2012, 1(5): 269-275.

［102］ 杨青，陈克非. 未知信道中的信息隐藏容量［J］. 计算机仿真，2006，23（3）：104-106.

［103］ 朱彦. 基于人工噪声的物理层信道安全及功率优化研究［D］. 上海：上海交通大学，2015.

［104］ 远正茂. 基于博弈论的干扰窃听信道物理层安全传输策略研究［D］. 北京：北京交通大学，2015.

［105］ Hong S, Pan C, Ren H, et al. Artificial-Noise-Aided Secure MIMO Wireless Communications via Intelligent Reflecting Surface［J］. IEEE

Transactions on Communications, 2020, 68(12): 7851-7866.

[106] Ju Y, Zhu Y, Wang H M, et al. Artificial Noise Hopping: A Practical Secure Transmission Technique with Experimental Analysis for Millimeter Wave Systems [J]. IEEE Systems Journal, 2020, 14(4): 5121-5132.

[107] Blum A, Haghtalab N, Procaccia A D. Learning to play Stackelberg security games [R]. Technical report, Carnegie Mellon University, Computer Science Department, 2015.

[108] Kar D, Fang F, Delle Fave, et al. Comparing human behavior models in repeated Stackelberg security games: An extended study [J]. Artificial Intelligence, 2016, 240: 65-103.

[109] Gallager R G. Information theory and reliable communication[M]. Wien: Springer, 1968: 324-354.

[110] Cotton C, Liu C. 100 Horsemen and the Empty City: A Game Theoretic Examination of Deception in Chinese Military Legend [J]. Journal of Peace Research, 2011, 48(2): 217-223.

[111] Nguyen T H, Yadav A, An B, et al. Regret-Based Optimization and Preference Elicitation for Stackelberg Security Games with Uncertainty [C]. Proceedings of the 28th AAAI Conference on Artificial Intelligence, Québec, Canada, 2014: 756-762.

[112] Lisý V, Davis T, Bowling M H. Counterfactual Regret Minimization in Sequential Security Games [C]. Proceedings of the 30th AAAI Conference on Artificial Intelligence, Phoenix, Arizona, USA, 2016: 544-550.

[113] Ma W, McAreavey K, Liu W, et al. Acceptable costs of minimax regret equilibrium: A solution to security games with surveillance-driven probabilistic information [J]. Expert Systems with Applications, 2018, 108: 206-222.

［114］ Balcan M F, Blum A, N Haghtalab. Commitment without regrets: Online learning in Stackelberg security games［C］. Proceedings of the 16th ACM Conference on Economics and Computation, Portland Oregon, USA, 2015: 61-78.

［115］ Koolen W M. The Pareto Regret Frontier［J］. Advances in Neural Information Processing Systems, 2013, 26: 863-871.

［116］ Lattimore T. The pareto regret frontier for bandits［C］. Proceedings of the 28th International Conference on Neural Information Processing Systems, Montreal, Quebec, Canada, 2014: 208-216.

［117］ Eyal E D, Michael K, Yishay M, et al. Regret to the best vs. regret to the average［J］. Machine Learning, 2008, 72(1-2): 21-37.

［118］ Kamble V S. Games with vector payoffs: A dynamic programming approach［D］. Berkeley: UC Berkeley, 2015.

［119］ Amir R, Isabel G. Stackelberg versus Cournot Equilibrium［J］. Games and Economic Behavior, 1999, 26(1): 1-21.

［120］ Anderson S P, Engers M. Stackelberg versus Cournot Oligopoly Equilibrium［J］. International Journal of Industrial Organization, 1992, 10 （1）: 127-135.

［121］ Kakutani S. A generalization of Brouwer's fixed point theorem［J］. Duke mathematical journal, 1941, 8(3): 457-459.

［122］ Nash J F. Equilibrium points in n-person games［J］. Proceedings of the national academy of sciences, 1950, 36(1): 48-49.

［123］ Blum A, Haghtalab N, Procaccia A D. Learning Optimal Commitment to Overcome Insecurity［J］. Advances in Neural Information Processing Systems, 2014, 27: 1826-1834.

［124］ Wang K, Guo Q, Vayanos P, et al. Equilibrium Refinement in Security Games with Arbitrary Scheduling Constraints［C］. Proceedings of the

17th International Conference on Autonomous Agents and MultiAgent Systems, Stockholm, Sweden, 2018: 919-927.

［125］ von Stengel B, Zamir S. Leadership games with convex strategy sets ［J］. Games and Economic Behavior, 2010, 69（2）: 446-457.

［126］ Paruchuri P, Pearce J P, Marecki J, et al. Playing games for security: an efficient exact algorithm for solving Bayesian Stackelberg games ［C］. Proceedings of the 7th international joint conference on Autonomous agents and multiagent systems, Estoril, Portugal, 2008: 895-902.

［127］ Roughgarden T. Beyond worst-case analysis ［J］. Communications of the ACM, 2019, 62(3): 88-96.

［128］ Moshe S. A classical decision theoretic perspective on worst-case analysis ［J］. Applications of Mathematics, 2011, 56: 499-509.

［129］ Micciancio D, Regev O. Worst-Case to Average-Case Reductions Based on Gaussian Measures ［J］. SIAM Journal on Computing, 2007, 37(1): 267-302.

［130］ Sobel J. Encyclopedia of Complexity and Systems Science. Signaling games ［M］. Wien: Springer, 2009: 8125-8139.

［131］ Paruchuri P, Pearce J P, Tambe M, et al. An efficient heuristic approach for security against multiple adversaries ［C］. Proceedings of the 6th international joint conference on Autonomous agents and multiagent systems, Honolulu, HI, USA, 2007: 181.

［132］ Leyffer S, Munson T. Solving multi-leader-common-follower games ［J］. Optimization Methods & Software, 2010, 25（4）: 601-623.

［133］ Hori A, Fukushima M. Gauss-Seidel Method for Multi-leader-follower Games ［J］. Journal of Optimization Theory and Applications, 2019, 180(2): 651-670.

［134］ Solis C U, Clempner J B, Poznyak A S. Modeling Multileader-Follower

Noncooperative Stackelberg Games [J]. Cybernetics and Systems, 2016, 47（8）: 650-673.

[135] Aussel D, Svensson A. Is pessimistic bilevel programming a special case of a mathematical program with complementarity constraints？ [J]. Journal of Optimization Theory and Applications, 2019, 8(181): 53-76.

[136] Berg K, Tuomas S. Exclusion Method for Finding Nash Equilibrium in Multiplayer Games [C]. Proceedings of the Thirty-First AAAI Conference on Artificial Intelligence, San Francisco, California, USA, 2017: 383-389.

[137] Blum A, Nika H, Ariel D P. Learning Optimal Commitment to Overcome Insecurity [C]. Proceedings of the Advances in Neural Information Processing Systems, Montreal, Quebec, Canada, 2014: 1826-1834.

[138] Vorobeychik Y, Michael P, Wellman. Stochastic Search Methods for Nash Equilibrium Approximation in Simulation-Based Games [C]. Proceedings of the Seventh International Joint Conference on Autonomous Agents and Multiagent Systems, Estoril, Portugal, 2008: 1055-1062.

[139] Nguyen T H, Xu H. Imitative Attacker Deception in Stackelberg Security Games [C]. Proceedings of the 28th International Joint Conference on Artificial Intelligence, Macao, SAR, China, 2019: 528-534.

[140] Nguyen T H, Michael P. Wellman A S. Deceitful attacks in security games [C]. Proceedings of the 32nd AAAI Conference on Artificial Intelligence, New Orleans, LA, USA, 2018: 260-267.

[141] Nguyen T H, Yong Z W, Arunesh S, et al. Deception in finitely repeated security games [C]. Proceedings of the 33rd AAAI Conference on Artificial Intelligence, Hawaii, USA, 2019: 2133-2140.

[142] Nguyen T H, Andrew B, Xu H. Tackling Imitative Attacker Deception in Repeated Bayesian Stackelberg Security Games [C]. Proceedings of the

24th European Conference on Artificial Intelligence, Santiago de Compostela, Spain, 2020: 187-194.

［143］ Nguyen T H, Vu N, Yadav A, et al. Decoding the Imitation Security Game: Handling Attacker Imitative Behavior Deception ［C］. Proceedings of the 24th European Conference on Artificial Intelligence, Santiago de Compostela, Spain, 2020: 179-186.

［144］ Nguyen T H, Sinha A, He H. Partial Adversarial Behavior Deception in Security Games ［C］. Proceedings of the 29th International Joint Conference on Artificial Intelligence, Yokohama, Japan, 2020: 283-289.

［145］ Weerd H D, Verbrugge R, Verheij B. How Much Does It Help to Know What She Knows You Know？ An Agent-Based Simulation Study ［J］. Artificial Intelligence, 2013, 199(1): 67-92.

［146］ Stephanie M C, Melissa A K, Madeline B H. Theory of Mind ［J］. Wiley Interdisciplinary Reviews: Cognitive Science, 2013, 4(4): 391-402.

［147］ Schaafsma S M, Pfaff D W, Spunt R P, et al. Deconstructing and Reconstructing Theory of Mind ［J］. Trends in Cognitive Sciences, 2015, 19(2): 65-72.

攻读博士学位期间科研项目及科研成果

发表论文

［1］ **Chen Ling**, Li Mingchu, Jie Yingmo. Agame-theoretic approach for channel security against time-varying attacks based on artificial noise ［C］. *13th International Conference on Future Networksand Communication* (*FNC*), Gran Canaria, Spain. 2018: 212-218.（**EI** 检索号：20183305696239）（本书第 3 章）

［2］ **Chen Ling**, Li Mingchu, Jie Yingmo. Agame-theoretic approach for channel security against time-varying attacks based on artificial noise [J]. ***Journal of Ambient Intelligence and Humanized Computing***, 2020, 11 (6): 2215-2224. （**SCI** 检索号：WOS: 000536462400003）（本书第 3 章）

[3] **Chen Ling**, Li Mingchu, Jie Yingmo. Playing Repeated Security Games with Multiple Attacker Types: A $Q-$iteration on a Linear Programming Approach [J]. ***Journal of Control and Decision***, 2020.（**EI** 检索号：20203409061633）（本书第 4 章）

[4] **Chen Ling**, Li Mingchu, Liu Jia. Modeling Bluffing Behavior in Signaling Security Games [J]. ***International Transactions in Operational Research***, 2020. （**SCI** 检索号：WOS: 000535328900001）（本书第 6 章）

已完成论文

[1] **Chen Ling**, Li Mingchu, Jie Yingmo. A Logit Tie-Breaking Rule for Multi-Defender Stackelberg Security Games.（本书第 5 章）

参与科研项目

[1] 国家自然科学基金面上项目（61572095）：面向反恐安全博弈的连通因子理论与应用, 2016. 01—2019. 12. 负责人：李明楚。

[2] 国家自然科学基金面上项目（61877007）：反恐安全博弈策略模型、算法与应用研究, 2019. 01—2022. 12. 负责人：李明楚。